單車離島

張建維／著

漫行15 座島嶼，用最美的速度

推薦序

慢活的速度，體驗自然之美

自行車新文化基金會董事長
劉金標

眾所周知，騎自行車有助於節能減碳，又能促進身心健康，其實，自行車還是很棒的壯遊工具。在眾多旅行方式中，單車旅行最能親近土地、最能深度體驗，許多永誌難忘的旅遊記憶，由是產生。開車太快，走路太慢，只有自行車才能留住人生的美景。近年來，愈來愈多民眾選擇以自行車做爲旅遊方式。

在臺灣，單車環島的風氣已然形成，每天總有數百人在環島公路上絡繹於途。然而，臺灣不只本島美麗，周邊的離島也有許多明媚風光和迷人景點，值得我們一一去體驗。《單車離島》一書的適時出版，作者張建維用緩慢的速度探索這些美麗的島嶼，並且將單車離島的體驗和路線介紹給讀者大眾。

張君勇於做夢，投入單車旅行，踩踏足跡遍及十五座離島，每座島嶼都有它獨特的景觀、人文、歷史和特色，作者用心體驗、深度觀察，細說著每座島嶼的精采故事。到達目的地固然是每段旅程計畫的完成，然騎乘過程中的體驗和感動才是旅行的真正目的。「爲什麼是騎單車壯遊？」作者以先後分別騎機車及自行車經過金門的同一路段來做比較，「當時怎麼沒聽見什麼蟬聲，也不記得這些木麻黃呢？」單車旅行的可貴之處，在於以慢活的速度深度體驗自然之美和淳厚民情，即使是珍禽飛過眼前的「瞬間之緣」也可以讓人深刻感動。騎著自行車還可以隨心所欲、自由自在，絕不會錯過任何感動的時刻。

《單車離島》全書文筆流暢、引人入勝，配以許多精緻照片，非常精采，令人嚮往之。拜讀之餘，真想循其腳步，即刻成行。這是一本特殊的單車旅行故事，值得車友們細細品嘗，特爲序推薦，以饗讀者。

推薦序

因為慢，旅行才有厚度

背包台客作家　藍白拖

我曾經和作者有一樣的念頭，想要到所有臺灣的離島冒險，但我沒有他的勇氣，敢用鐵馬來完成。

身旁有不少朋友，出走離島，會立刻打卡，驕傲的說自己出國旅行，因爲離島旅行介於出國與非出國的一線之隔，正好藉此撫慰不少旅人的心靈。

今年五月，我到馬祖旅行十天，看著作者的文字，彷彿又被拉回難忘的離島生活。還記得剛踏上南竿，在有如溜滑梯般的地形上騎著機車，正好省去六福村玩笑傲飛鷹的費用，只能用刺激與驚險來形容。我猜馬祖人的身體一定很好，因爲他們的心臟很大顆。

我無法想像自己騎著鐵馬旅行的糗態，可能會氣到把車捐給馬祖人。

騎腳踏車移動，是一種很特殊的情感，它沒有機車的快速，沒有步行的緩慢，如果都市人的生活移動速率是一條正弦波，它正好位於平均值，有如孔子口中的「中庸之道」，但我們都學不會。

在都市中，我們被迫與時間賽跑，人類的心智成長速度遠比不上捷運速度，追求速度變成都市人的病。今天捷運慢了一分鐘進站，可能還會有人投書媒體，抱怨捷運誤點。要都市人騎著鐵馬去旅行，是折磨，不是享受。

即使臺灣早是聞名世界的腳踏車王國，臺灣人卻不是最懂得享受腳踏車生活的人。因爲慢，旅行才有厚度，太快，旅行變得太薄，容易被人戳破。

「慢」是一種享受，「騎慢車」是一種享受旅行的態度，希望大家能在作者的文字中慢讀，重新找回騎單車旅行的樂趣。

作者序

從環島到離島

二〇〇七年，夏季，天氣陰。

我們在單車環島的途中，從臺東搭船轉向蘭嶼，打算順路將這座小島繞行一圈，再回到臺灣繼續環島的旅程。

快艇靠岸，原本陰晦的天空突然放晴，藍天從大片雲朵之間展開，陽光灑在鄰近海岸的高山上，眼前的一切瞬間超乎我們對於這座島嶼的想像，應該是藍色的，更藍了；應該是綠色的，更加翠綠。

我猜人們在如此嘆爲觀止的狀態中，常會渴望自己做出什麼應景的大事，或至少說些什麼大話吧。當下，我睜著雙眼，不加思索的就對著同行的旅伴S說：「應該要把臺灣的每一座離島都騎完才對！」

故事就是這樣子開始的。

林懷民說：「年輕的流浪是一輩子的養分。」我想，流浪時的大放厥詞，應該就是用來製造養分的酵素吧！

但是，一句旅程中的突發奇想，對於冒險、對於夢想來說，好像還是缺少了一些什麼。環島回來之後，接著實習、當兵、工作，在蘭嶼說過的大話就像一直深埋土中的種子，數年過去，始終沒有發芽。

差不多就從那個時候開始，「單車環島」逐漸成爲熱血、冒險、愛臺灣的代名詞，甚至被列爲臺灣人這輩子一定要經歷的旅程。單車熱潮一股一股的捲起、環島騎士一批一批的上路，有好些時候，我也會因爲自己曾經環島的經歷，而感到些許的榮耀。只是，每當我聽見「單車」、「環島」這些字眼時，還是會回想起那個陰雨褪去的早晨，晴朗無垠的藍天、光影交錯的海岸。蘭嶼如此，那麼綠島如何？澎湖如何？金門如何？這些島嶼盤旋在我的腦海中，有意無意的想起、忘記，然後又再想起。

二〇一〇年，距離那一次在蘭嶼恣意地宣告，已經隔了三年之久，大學的學長丟了一串網址給我，那是青輔會第二屆「青年壯遊臺灣——尋找感動地圖」的活動宣傳，他說：「這個活動感覺很適合你，去報名吧！」

我默默的看了幾句網站上的說明文字：「鼓勵青年打破既定路線、學習體驗成長，更加深入看見臺灣的多元樣貌……」

這段話在我眼中瞬間湊集成了一個沉澱已久的名詞：「離島」。

岔開個話題。

過去參加救國團的活動，聽過一首好聽的歌，名字就叫做「離島」。歌詞是這樣寫的：

從來沒想過，夜是如此的溫柔，如此溫柔夜，陪你笑，陪你愁，
陪你笑過愁過你是否記得我？記得像個離島的我，
陪你笑過愁過你是否記得我？就在這寂寞的海中。

把孤單的人，比喻成海上的離島，聽起來很浪漫不是嗎？只是在我的想像裡，離島從來就不是寂寞的，那裡有著迷人的沙灘、美好的夕陽與樸直的島民，被吸引前往的旅人也並不感到孤單，而是無盡的嚮往和感動。

至少，在那一個夏天的蘭嶼，我是這麼認爲的。

目錄

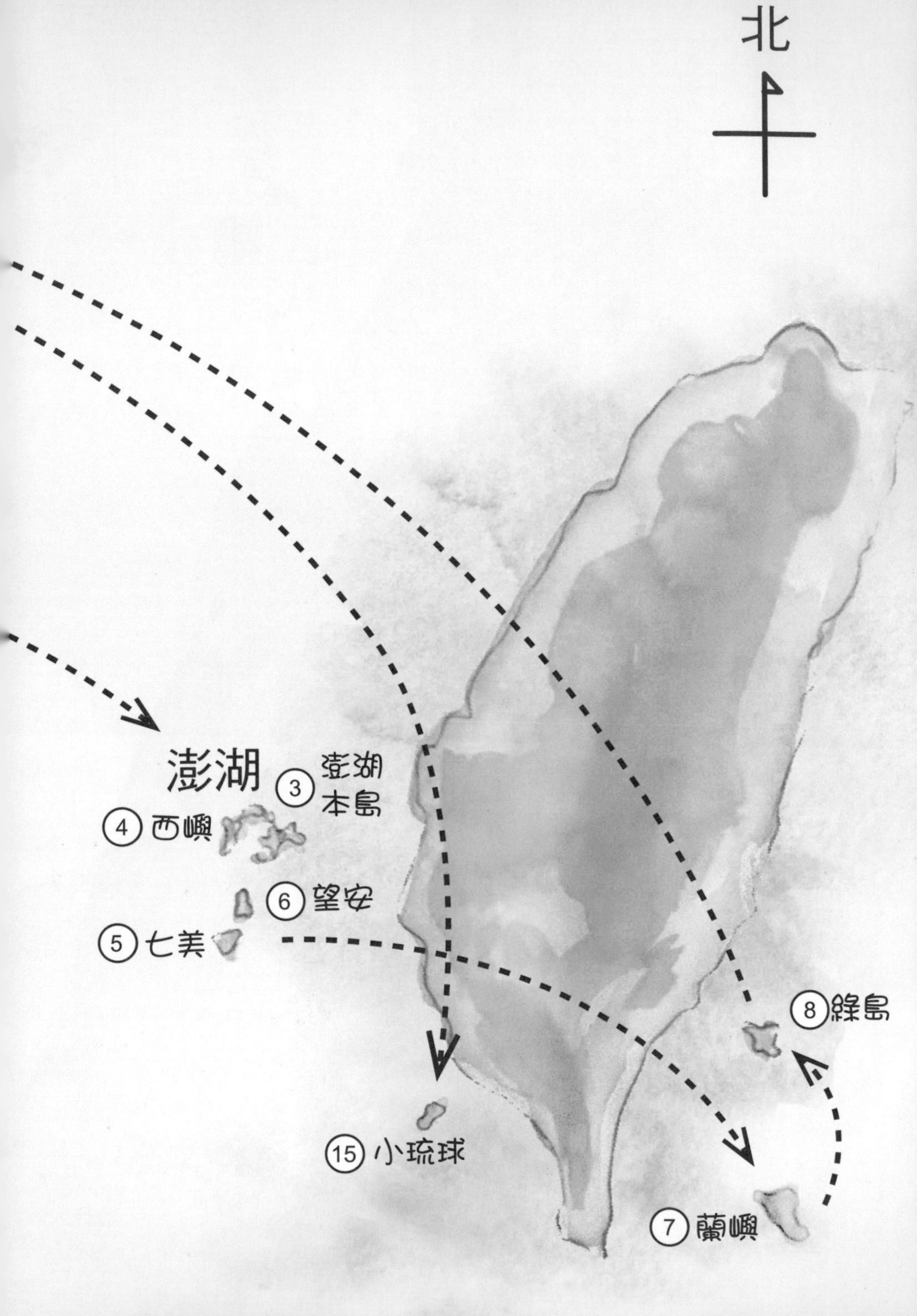
北
澎湖
③ 澎湖本島
④ 西嶼
⑥ 望安
⑤ 七美
⑧ 綠島
⑮ 小琉球
⑦ 蘭嶼

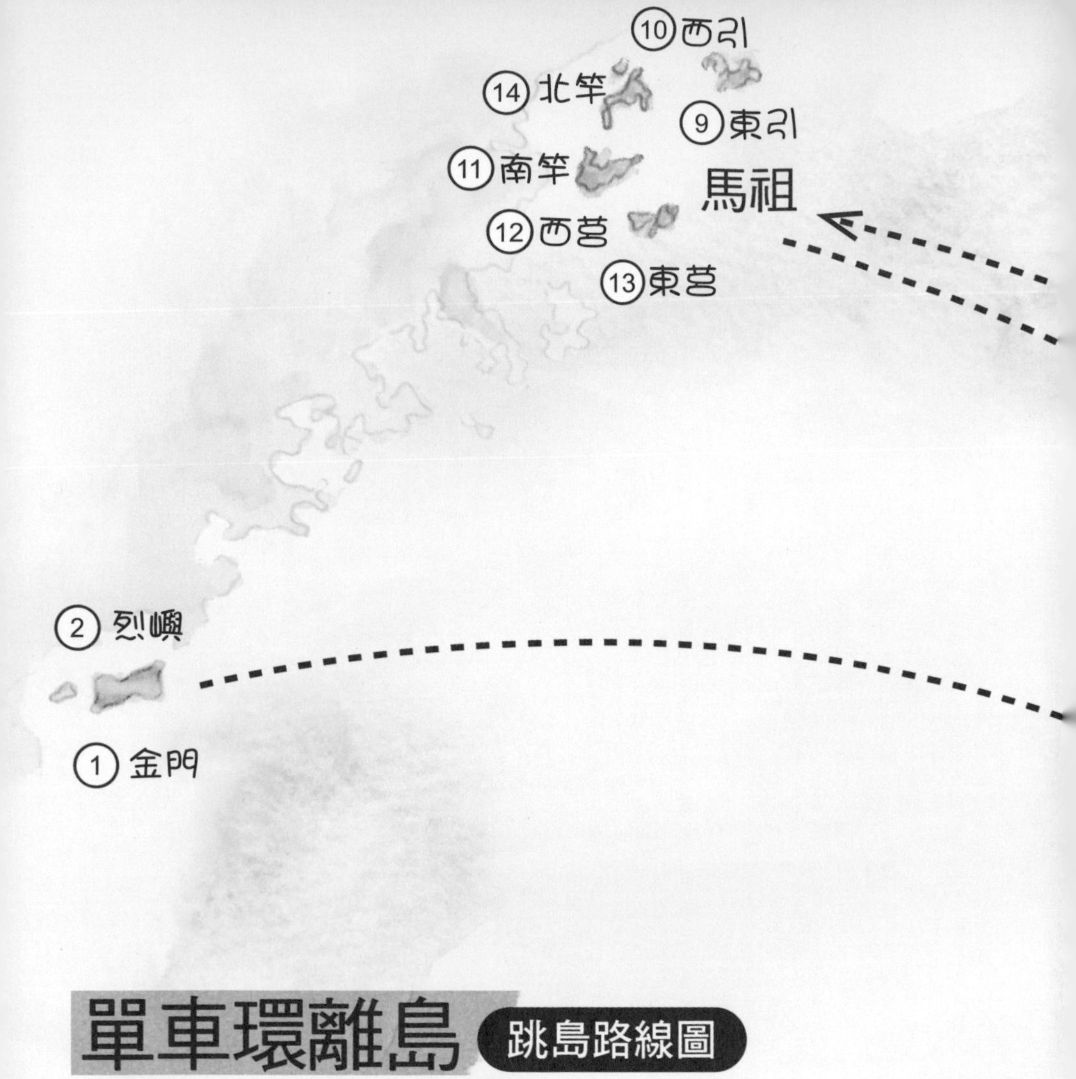

單車環離島 跳島路線圖

路線規畫小叮嚀

這是我的單車環離島路線。想繞完所有的島嶼，你會發現最傷荷包的就是臺灣往來各島嶼之間的交通費了。安排路線時，若能順時針或逆時針繞圈進行，陸路和海路的交通會比較好計畫。

雖然我把小琉球放在最後以圖個輕鬆寫意，但如果要熱血一下的話，最高難度的馬祖列嶼還是可以成為離島路線中不錯的尾聲。另外提醒，蘭嶼、綠島之間有船能直航，但金門和馬祖之間可就不行了。

那些在路程中隨機停下的田野、堤岸、樹蔭，成為旅行真正的目的；而著名的戰史館、文化村與舊坑道，反倒變成景點間休息的驛站。

CHAPTER 1

金門、烈嶼

／夢想的開端

海峽望去一片汪洋的那一邊，是故鄉，看得到陸地的不遠彼端，卻是異鄉。

這裡是金門，我的第一座島嶼。

說是「第一座島嶼」其實不是很正確，早在大學畢業以前，我就曾經旅行去過澎湖、綠島、小琉球了。即使要說第一座騎腳踏車造訪的島嶼，也應該是去年夏天的蘭嶼，或是更久之前的東沙島才對（沒錯，就是「東沙環礁海洋國家公園」的那個東沙島）。二〇〇六年，在那裡還沒成爲國家公園以前，我以「海洋生態研習營」學員的身分踏上了東沙島，由於那裡實在太小了，連島上的阿兵哥也是騎著腳踏車四處移動的。

但是，二〇一〇年的夏天，我踏上金門，卻明顯地有一種「全新開始」的感覺，除了有著全新的目標，和不同的交通工具之外，這一次跨海而來，身上彷彿背著一個重要的使命——要將單車環島的範圍更加擴大，讓遙遠離島的風光更被珍惜。

「從這一座島嶼開始。」決定前往金門的那一刻，我這樣告訴自己。

在下定決心要騎單車環遍離島之後，我才發現青輔會壯遊活動的徵件期限，已經在兩天前悄悄的過期了。原本還幻想著如果報名入選，可能會有一筆幾萬塊的經費補助，可以支付臺灣與各離島之間龐大的交通住宿開銷，這下子當然全都泡湯了。

錢的問題是一回事（因爲終究還是不夠的……），更重要的是，要是想報名青輔會的活動，就得有完善的行程規畫、確實的收支紀錄，旅程中也必須隨時更新照片和文章、並在事後整理成果報告，讓人有這麼一種非得去實行不可的壓力，應該也會督促我確實地騎完全程吧？

少了經費的補助、驅動的壓力，「所以……等明年報名下一屆的嗎？」這個悲觀的念頭大概只出現了幾秒鐘。

「不行，今年一定要出發！」

我提醒自己，那些補助與壓力，都不會是我決定環繞離島的初衷。我想起那一年的蘭嶼，美好的風景、單純的動機，一股不知從何而來的熱血衝上心頭，讓我做了這樣的決定：「不管有沒有什麼名義或補助，這些離島我是去定了！」

「今年夏天，至少先完成其中一座島嶼吧！」

我突然發現，這個延遲多年的計畫，其實只需要一個支持、一段機緣，甚至一次巧合，就能夠重新發想、啓動，甚至成了生命當中已然排序好的旅程，無論如何，都必須要去成行。

翠綠的蘭嶼、酷熱的澎湖、遙遠的金門和馬祖，長久的想像突然變得清晰而充滿了可能，好像一旦下定決心，這一切終究只是時間的問題而已。

「如果要先選一座島嶼……」我望向桌前的臺灣地圖，眼光瞄向左上角，一個叫做「金門」的地方。

爲什麼會是金門呢？其實我也不太記得了，也許是因爲澎湖太大、小琉球太小、綠島和蘭嶼太遙遠、馬祖又太陡了，距離、面積、坡度都算適中的金門，理所當然地成了我離島旅行的第一站。

其實金門也是臺灣所有離島中，唯一只能仰賴飛機接送的島嶼（搭船的機會小到不行）。我想，減去交通過程中的舟車勞頓、顛簸暈船，金門或許是個比較理想的開始吧！

爲了方便環島路線的安排，我捨棄了金門西南側著名的水頭聚落，而選擇投宿於島嶼中央的瓊林村。還記得那幾天是南非足球世界盃的

八強決賽，我還再三向老闆娘確認，民宿裡的第四臺是可以播放的，然後才安心下訂（但最後在金門的每個夜晚，我都是累癱了睡著的，根本沒有好好看完一場比賽）。

很快的選定了島嶼、隨意地規畫好路線，對於自己即將開始在離島騎車的這個舉動，雖然稱不上瘋狂，或是什麼冒險，但這趟遠渡大海的單車旅行，絕對可以說是我人生中一個重要的里程碑了。

或者，就說它是夢想的開端吧！

然後，就是拆車、接著裝袋、扛上公車、搬上捷運、運上飛機，降落在臺灣海峽另一端的島嶼上。開著車子前來接我們的民宿老闆娘驚訝的說：「你們要來金門騎腳踏車喔？」

「對啊！」我在心裡回答：「這只是一個開始而已。」

GIANT

再岔開個話題。

還記得那位和我一起踏上蘭嶼，聽我說著：「要把臺灣每一座離島騎完」的旅伴S嗎？事隔數年，她和我一起坐上飛往金門的班機。

出發前，我問她，能不能幫我爲這趟離島騎車的旅程想出一個簡潔有力的名稱？（其實那時我已經想好了，就叫做「單車島嶼完環計畫」，夠簡潔有力了吧！）

「就叫做『單車離島』啊！」S回答。

「離島」是動詞，同時也是名詞，意味著「離開」，也意味著「到來」。如果「單車環島」是個令人嚮往的夢想，那麼單車「離」島呢？離開臺灣，在廣闊海洋的另外那頭，是不是也有著同樣充滿想像、同樣令人期待的島嶼風光呢？

這本書的名字就是這樣來的。

金門是風獅爺的故鄉，由於島上的居民飽受風患之苦，便在聚落的廟口、路口樹立風獅爺，用以鎮風。其中，颳來東北季風的冬日更是金門最頭疼的季節，風獅爺也大多朝著北方鎮守，人們將祂的嘴畫得又寬又大，彷彿期待祂能夠把惱人的強風給吃掉一樣。

幸好，我們是在盛夏的季節來到金門。離開瓊林之後，迎面而來的都是徐徐和緩的輕風，道路兩旁也種滿林蔭茂密的木麻黃，在整路盡是蟬聲高鳴的環島北路向西騎行，其實真的是一種悠閒的享受。

緩慢地踩著踏板，隨意地四處張望，累了，便停下車來，放倒在路旁的高土堆上，吹風、喝水、研究地圖。記得在大學時期，也曾跟著地理系的考察活動來到金門，並且騎著機車快速穿過同一條道路，現在回想，當時怎麼沒聽見什麼蟬聲，也不記得這些木麻黃呢？

抵達金門的第一天，我們就沿著環島北路、西路、南路、東路，逆時針地繞行島嶼一圈。在北面，木麻林蔭伴隨著和風與蟬鳴；在西面，是熱鬧的金城街頭和美味的小吃；到了南端，起伏不定的環島南路讓我們汗流浹背；東側的金門則是平緩而寧靜，漫長又筆直的環島東路讓人忘記這是一座小小的離島，竟以爲自己將前往某個嶄新的大陸。

當天傍晚，我們來到島嶼東北側的沙美村，天色已經暗了，店家也早已關門，路燈有一盞沒一盞的亮著，街道上盡是一片寂靜。身爲造訪金門的旅客，應該得要早一點抵達這裡，逛逛老街、吃吃燒餅才對。只是，單車的速度就引領著我們在這個時候到來，腿已經痠了，肚子也餓了，我們在街上隨意吃了碗麵，坐在大馬路旁休息。

對街，幾位老人家倚著雜貨店的櫃臺聊天；眼前，一個小孩騎著嘎嘎作響的三輪車溜過，夏日傍晚的金門還算涼爽舒適，只是少了一些人們想像中陽剛、堅韌的氣息。我想，

撇開日間熙來攘往的遊客、略去開放觀光的軍事據點，當下呈現在我們眼前的，才是這座島嶼最真實的樣貌。

或許，這就是「單車離島」的魅力吧！強迫自己用緩慢的速度來探索一座美麗的島嶼，不只品嘗它的微風和豔陽，也體會它的熱鬧與孤單。

第二天開始，我們刻意放慢騎車的速度，以一天一個鄉鎮、兩、三個景點的速度來規畫行程。儘管金門的地形起伏並不算大，但是在離開一個點位、前往

下一個目標的路上，還是得停留好幾回合來補足流失的水分、舒緩胯下的疼痛，也趁著這些休息的時間，可以留意那些與我們難得有緣的微小風景。

在「單車離島」的旅程當中，屋簷、樹蔭都是景點和景點之間小小的客棧，有時候，它們比什麼戰爭史蹟、傳統建築之類的地方還要令人嚮往。

在古寧頭附近，有一條高架於海濱的單車堤道，堤道的一邊是綠樹叢生的林子，另一邊就是遙望中國的大海。潮水退去之後，淺灘上過去戰時爲了反登陸而設的軌條砦（砦，音義同「寨」）一一露出海面，數十年來彷如一日，看守著海峽彼端的動靜。

單車堤道位置偏僻，而且機車無法進入，我們把踩踏的頻率減到最低，幾乎只剩滑行的速度而已。

下午四、五點左右，微風輕輕吹來，陽光滿和煦的，海上的浪潮混著一些不知名的蟲鳴與鳥聲，讓我們一點都不想離開這個堤道。

在那個當下，金門的歷史記憶與自然景色完全地融合，在這個或許被大多數遊客忽略的地方，我慶幸於自己騎著單車前來，找到一個屬於金門的典型風光。

恍惚之間，一個翠綠色的身影倏地從我眼前飛過，「啊……」在我還來不及反應過來之前，牠已經鑽進一旁的樹林裡頭。

我過了好一陣子才意會到，那可能是金門夏季最受矚目的候鳥——栗喉蜂虎。半小時前，我才在雙鯉自然中心認得牠們的模樣。黃綠色的身子、天藍色的尾羽和栗紅色的喉部，讓許多臺灣的賞鳥人士遠渡而來，帶著專業相機與望遠鏡頭，企圖一睹其芳容。

沒想到，光是騎著單車、緩慢踏行，也能讓我擁有這個一瞬之緣呢！

來到金門騎車，除了沿海的環島公路，絕對不能錯過的兩條路線，應該就是烈嶼和太武山了吧！

烈嶼，又稱爲「小金門」，與金門之間隔著小小的海峽。通往烈嶼的水頭碼頭距離瓊林有滿長的一段距離，光是早起、騎車、搭船這趟路程，就把我們搞得滿頭大汗了。島上的濱海公路是兩條平行延伸的水泥車道，其實原本是要給坦克車走的，現在意外成了單車環島的絕佳路線。雖然小金門最著名的城堡式軍事建築「八達樓子」位在島嶼中央，但是其他的坑道、據點與戰史館，都可以藉由這條環島路線串聯。沿著海岸、穿過田野，再加上兩側木麻黃貼心的遮蔭，讓烈嶼成爲臺灣最適合騎車的離島之一。

我們以順時針方向在烈嶼繞行，起先是視野良好的寬廣臺地，接著進入闊葉樹種遮蓋的森林，穿越種滿高粱的金黃色田野之後，聚落、碉堡與坑道也開始出現。幾座石碑刻著戰地標語，穿插在這些空地、森林或田野之間，一個轉角過去，無人看顧的黃牛待在田邊吃草；再一次轉彎，空地上排列幾臺巨大的坦克，標示「小心地雷」的矮樹叢背後，隱約可以看見廈門的山丘與高樓，提醒自己原來身在一個多麼鄰近異國的土地。

我喜歡這些不經意的風景，農田、碉堡或是石碑，沒有特別強調哪些景點，沒有刻意裝置什麼藝術，就這樣簡單、自然，才是這座島嶼最原本的樣貌。

太武山是金門島上最艱難的行程，東西向橫跨山頂的道路稱爲玉章路，地形十分曲折而陡峭，我們只能連牽帶騎的勉強上行。

頂著過去金門防衛司令劉玉章將軍的名字，這條路當然是爲了戰事考量而興建的，沿途可以看到許多用以振奮軍心的石刻標語，「中興在望」、「毋忘在莒」、「其介如石」……如今，軍務解除、戰事漸緩，來往金門和太武山的旅人之中，或許只有我們這些揮灑汗水、牽行而上的傻子們，才能稍微感受到這些石刻過往曾有的激奮吧！

沿途也有許多騎著機車、甚至走路上山的遊客，時常穿梭在我們的身旁，我和S刻意放慢牽行的腳步，讓整條馬路只剩下我們兩個，可以肆無忌憚的走在馬路中間、大聲唱著一些高亢的歌，偶爾跳上車東倒西歪地騎行時，也比

較不必顧慮兩旁路人的眼光。

好不容易攀至太武山頂，倚著欄杆休息的時候，我們無意發現欄杆外側還有一條隱沒於林間的步道，沿著石板小徑走進去，竟然可以繞過巨大的花崗岩石，在懸崖之上俯瞰半個金門的風光。

迎著大片美好的風景，呼吸帶點海味的空氣，有時候不禁在心底興起一些奇妙的錯覺，好像在環島路程中，隨機停留下來的那些田野、那些堤岸、那些樹蔭，才是這趟旅行真正的目的；至於著名的戰史館、文化村與舊坑道，只是景點與景點之間偶爾休息的驛站，滋養我們繼續前往下一塊田野、下一條堤岸，和下一片樹蔭。

金門國家公園

金門 地理補給站

其實金門並不是整座島都屬於國家公園，正確計算起來，金門國家公園的範圍只占全島面積的四分之一而已，包括馬山區（本島東北方）、古崗區（西南方），當然，還有書中寫到的古寧頭區（西北方）、太武山區，以及烈嶼的整個環島海岸線。

為什麼不把整個金門畫為國家公園是個很複雜的問題，但可以確定的是，這些被圈畫起來的區塊，都是傳統閩式聚落、歷史戰役紀念，或是湖泊、溼地、海岸與珍貴動植物分布的地區。其中又以前面兩者的比重最大，這讓金門成為臺灣第一個以維護人文資產為主、保育自然資源為輔的國家公園。

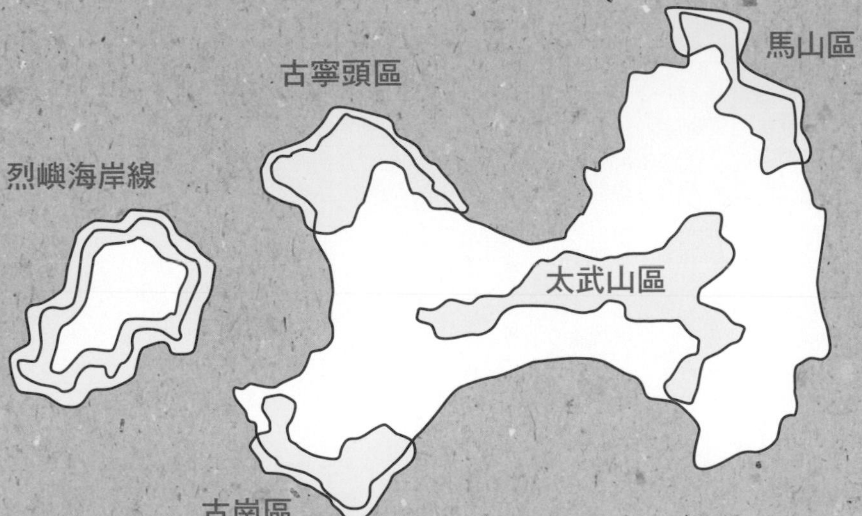

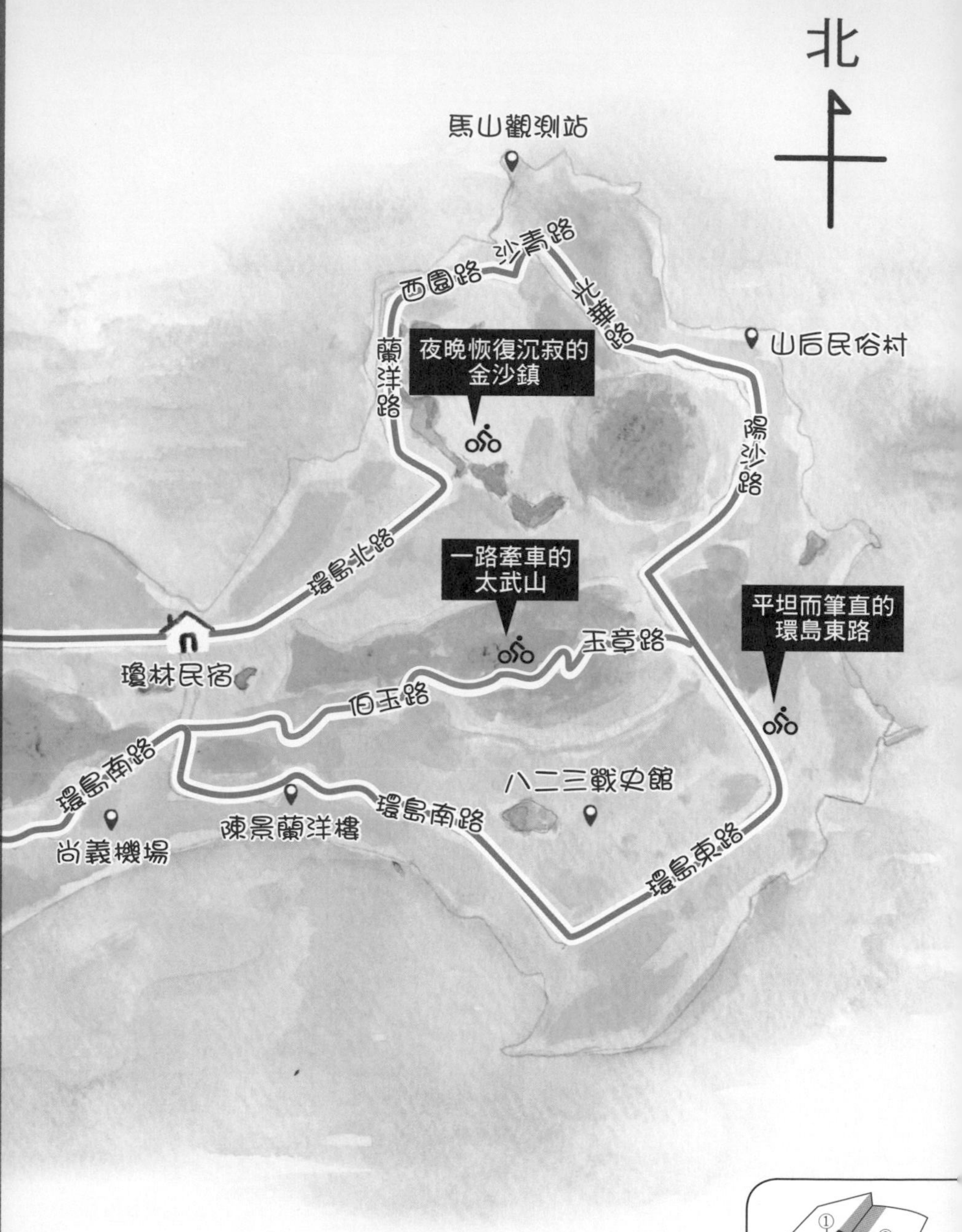

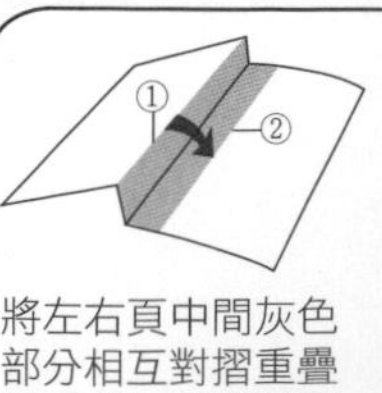

將左右頁中間灰色
部分相互對摺重疊
即可成為完整地圖

金門環島路線

太武山路線

小金門路線

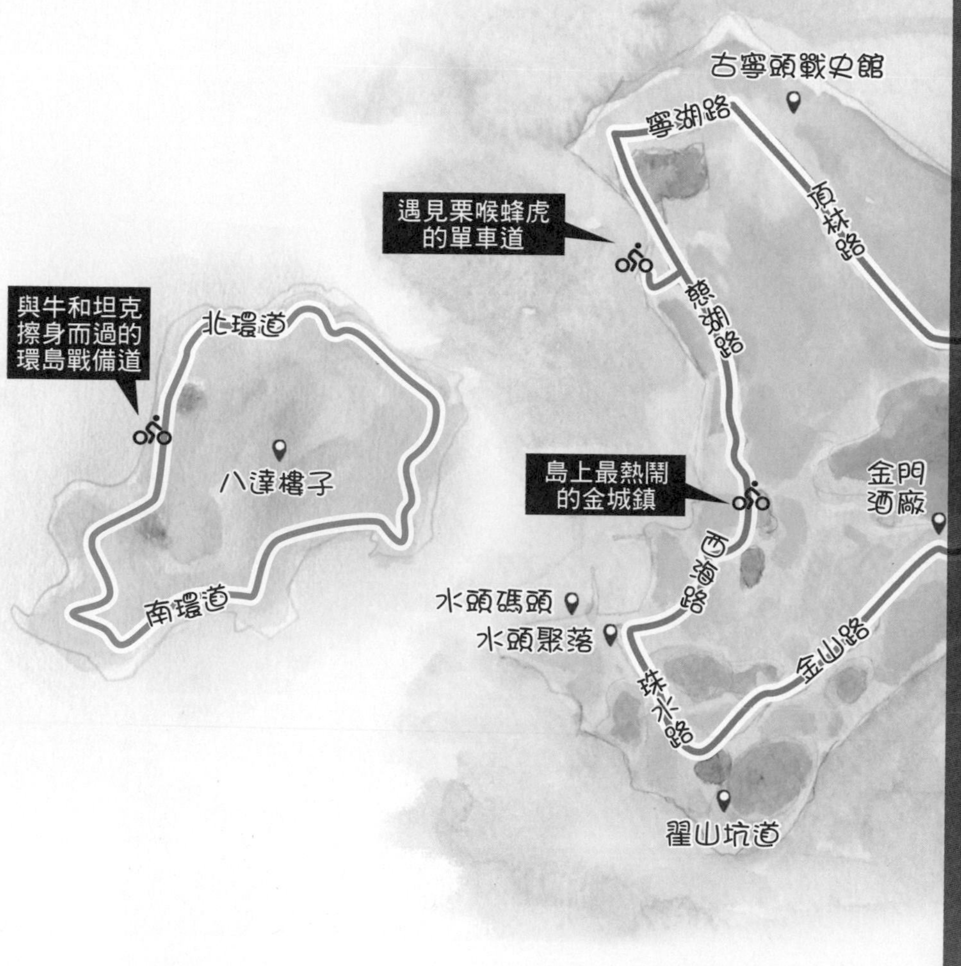

交通建議

前往金門的交通只能依賴飛機，每天都有班次往來尚義機場與臺北、臺中、嘉義與高雄之間，臺北、臺中的班次比較頻繁，但要預留拆車裝袋和報到登機的時間。

為了安全起見，請記得將腳踏車的輪胎洩氣之後再托運上機。雖然站務人員會幫你在車袋上張貼「貴重物品」或「小心易碎」等標誌，但這不保證你的愛車會受到多高規格的待遇。

如果想省去拆車、運車的麻煩，包括金門機場在內，有許多公家機關提供單

車租借的服務（免費，需押證件與押金一千元），一次可以借用三天兩夜，是很實用的觀光服務規畫。詳情請上「金門縣觀光旅遊網」。

從金門前往烈嶼的航班十分頻繁，腳踏車也可以直接牽上船去，你唯一要擔心的是從民宿前往水頭碼頭的路程。當然，如果你選擇住在水頭聚落，就不會有這個困擾了。

達人引路

在金門，光是環島的話，根本不需要準備地圖，因為環島東路、西路、南路、北路就寫在路牌上，可以做為環島的路線參考。但若是想好好拜訪島上的自然景點、人文史蹟，就非得從環島公路上岔進一些鄉間小路不可。

近年來，金門有許多傳統閩式聚落改建而成的特色民宿，是支持古厝活化利用、體驗金門傳統生活的好方法。水頭聚落擁有最多這樣的古厝民宿，其他包括瓊林、山后等地也都有許多不錯的選擇。

金門縣旅遊局規畫了數條單車旅遊路線，許多路段是汽機車無法進入的，往往也是最貼近海岸、潟湖或田野的路段，請務必將它們列入路線安排中。

五天四夜行程建議

第一天：順著環島西、南、東、北路，完整地環繞島嶼一圈。

第二天：造訪西北方的古寧頭和雙鯉溼地周遭景點，接著好好逛逛熱鬧的金城市區、品嘗吃不完的傳統美食，下午到水頭造訪金門最迷人的閩式聚落與洋樓建築。

第三天：探索馬山、山后等東北地區，在金沙享用午餐，下午再挑戰陡峭的太武山，黃昏時，享受從山上滑行而下的舒暢感受。

第四天：從水頭碼頭前往烈嶼，沿著環島坦克戰備道路繞行，也別忘了島嶼中央的八達樓子，是象徵金門抗戰血淚的重要建築。

第五天：沿著環島南路，前往金門酒廠、翟山坑道，以及陳景蘭洋樓和太湖、八二三戰史館等知名景點。雖然那裡距離機場不遠，但還是請記得拿捏好拆車、登機的時間。

小叮嚀

金城市區是整個金門最重要也最熱鬧的街區，其他鄉鎮或聚落多少也有提供補給或餐飲的小店，但到了傍晚主要景點關閉的時候，可能就要稍微注意隨車補給或晚餐安排的問題了。

金門最知名的史蹟、聚落和最低調的美景、風光，大多位在主要道路往四邊延伸出去的路線上。如果可以的話，請不要把行程安排得太過擁擠，留點時間來探索地圖上沒有詳細畫出來的地方。但如果遇到標示「內有地雷」的區域，就不必太具有冒險精神了。另外，也請不要直接朝著尚未開放的軍事據點拍照。

金門島上約有六、七十尊姿態各異的風獅爺，是同時具有自然與人文意義的重要景觀，事先調查好這些風獅爺的分佈位置，順路一一探尋，將會是環島旅行中最令人期待的部分。如果真的找不到祂們的話，往聚落出入口的東北或北方走去，總是不會錯的。

‧水頭聚落

冒險之所以冒險，壯遊之所以偉大，也許在於你不知道何時出發，也不確定是否平安歸來，是無盡的執著和滿滿的勇氣在支撐這趟未知的旅程。

CHAPTER 2

澎湖——本島、西嶼

／菊島的風與光

從嘉義的布袋港開往澎湖馬公的快艇就停在售票亭的閘門後頭，旅客們背著大包小包的行李，排隊準備上船，但我們雙手牽著單車，沒有排在隊伍的行列裡。

「那個騎腳踏車的先在旁邊等一下！」一位穿著藍色工作服的船員對我們說，那已經是二十分鐘前的事了。看來，在眼前這群遊客還沒全部上船之前，他是不會來理我們的。

天氣很熱，日正當中，原本打算船開了之後再來塗點防晒油，但還沒出發，我們已經被晒得頭都暈了。

「澎湖的太陽一定更大吧……」我心裡想。望向大海，眼前是看不到盡頭的臺灣海峽。

二〇一一年，夏天，我和S正準備前往「單車離島」計畫的第一站。因爲工作的關係，S只能跟著我一起繞行澎湖、七美和望安，她對這點頗爲耿耿於懷，但是還沒出發，就被太陽晒得滿頭大汗，後頭還有七、八座島要騎的我，應該比她更加憂心吧！

好不容易，等到旅客們統統上船之後，穿著工作服的男人才慢條斯理的走上前來，沒有問任何一句話，就抬起了我們的單車，跨過海洋，由另一頭的男人接送到船上。快艇的船板與港口的堤岸有段不小的距離，底下就是深不見底的大海，而且單車的重量少說也有十多公斤，再加上我們放在鞍袋裡的行李，我想，這可不是一件輕鬆的活兒。

「去澎湖幹嘛還要帶腳踏車啊？」這是我幫那位船員設計的對白。

幸好他並沒有真的這樣問出口。因爲，現在的我，其實沒有把握能夠回答得出來。

「爲什麼要去離島騎腳踏車呢？」我想起這個熟悉的問題。

從金門回來幾個月後，「單車離島」的計畫得到青輔會的錄取，進入第二階段的面試，爲了準備評審的提問，我花了很多時間安排行程、調查地圖，並且想好幾種關於這個問題的答案。

「大學畢業那年，我和我的朋友們進行一趟單車環島之旅，在十幾天的過程當中，我發現單車旅行是最能貼近土地、也最能善待環境的旅行方式，透過緩慢的速度和身體的感覺，可以更直接的體驗一座島嶼的樣貌……」我記得自己好像說了類似這樣的話吧。

而這樣的說詞也應該打動了負責評審的委員，讓他們從數十位參選的名單當中，核准了我的計畫。短短幾個禮拜之內，我就收到青輔會的錄取通知，以及一筆爲數不小的補助款項。附帶條件是，我得在冬天結束之前（考量到我的工作時間，其實等於是在暑假結束以前）完成所有單車離島的行程，並在青輔會的網站上，記錄這趟旅途中的點點滴滴。

去年才說好「一年一座離島」的目標，轉眼已經成了「兩個月內十三座離島」的計畫，心裡難免有些忐忑不安。但是對我來說，本來就想去嘗試的旅程，現在有了經費補助，倒也不是什麼壞事。只不過，當初爲了申請青輔會的計畫，我汲汲營營地準備文件、地圖與路線，也忙碌往來於審查、面試和培訓之中，等到一切終於塵埃落定，得到好消息之後，卻彷彿把一些重要的什麼給忘掉了。

「爲什麼要去離島騎腳踏車呢？」

雖然「貼近土地」、「善待島嶼」這些說法都是肺腑之言，但那絕對不會是我最初說服自己前往這些離島的理由。當然，在青輔會的評審委員面前，我試圖扮演一個關懷土地、熱愛臺灣的熱血青年，興致盎然地訴說這是一個多麼勇敢偉大的冒險，打動每一個傾聽這個計畫的人。只是，當我坐在房間裡頭，發現「單車離島」的計畫已經通過面試、

取得補助，必須在幾個月內付諸實現的時候，卻感覺這個計畫中最重要的部分已經結束了，接下來的旅行和冒險，都只是一段不得不去執行、收尾的過程而已。

我突然發現，距離夢想越遠，渴望的心就越強烈，等到距離拉近，「夢想」成了「現實」，逃避的念頭便會悄悄竄起，從最微小的擔心，演變到最沉重的壓力。原來，「想要去做」和「必須去做」的差別，竟是如此的巨大。

出發，然後回來，平凡的旅行和偉大的冒險，不是都長這個樣子的嗎？而冒險之所以冒險，壯遊之所以偉大，也許在於你不知道何時出發，也不確定是否平安歸來，是無盡的執著和滿滿的勇氣在支撐這趟未知的旅程。

但是現在，我知道自己一定得完成這個計畫，然後做成紀錄，接著報告成果，最後領得剩餘的補助款，這是早就寫好的劇情，不能更改。如果，一趟旅程在出發之前，已經能夠預見結束的樣子，那麼還稱得上是冒險嗎？現在，到底是執著與勇氣引領著我啓程，還是青輔會的時間限制逼著我上路呢？

「為什麼會搞得那麼複雜啊？」想到這，我在船艙裡不禁一陣苦笑。

沒想到，花了好幾個月來說服別人，到頭來，我卻得重新開始說服自己了。

其實，如果真的要為這趟旅程說出一個理由，或許真的就是為了那股衝動吧。衝動的許下願望、衝動的鋪張準備，最後衝動的付諸行動，彷彿那股衝動才是夢想的核心，等到一切準備就緒的時候，實現這個步驟，反而顯得沉重許多。

大話也說了，計畫也申請了，籌備過程中的忙碌與開銷，用實現夢想的角度看來是期待，用收拾殘局的角度看來是負擔，好幾個月以來，我都在用這種期待與負擔交錯的矛盾心情，來看待這趟即將到來的行程。

直到不久之前，我才找到一段能夠說服自己的文字，那是來自於林克孝先生所寫的《找路：月光・沙韻・Klesan》，一個簡單又直接的注解：

有些事，真的就是做了，
再說、再看、再想，最後再回憶。
少了第一步的促動，
未來可能連自己都不知道會後悔什麼。

或許，真正的答案就藏在旅程之中、結束之後，或是更久之後的將來。唯一可以知道的是，如果我就因此受困，連第一步都沒跨出去的話……

「未來可能連自己都不知道會後悔什麼。」我小聲地背誦一遍這段文字。

船艙的窗外，一座形狀扁平的島嶼，從遠方悄悄地現身，那是屬於這個夏天的第一座島嶼。

不知道天人菊是什麼時候開始遍布島上，也不知道澎湖人是什麼時候開始以「菊島」自稱的？我只知道，這些天人菊雖然是漂洋過海而來的外來種，但是耐熱、耐旱的生長特性，正好可以適應澎湖酷熱的陽光與乾燥的海風，也因此得以大肆繁衍。相對於此刻踩著踏板、一路北行的我們，身爲一個土生土長的臺灣囝仔，卻絲毫感受不到這種天氣的迷人之處。

「澎湖是個特別的火山島。」記得我常在國中的地理課堂上這樣說。因爲岩漿性質的不同，流動較快、黏性較低的鹽基性熔岩平緩地鋪出一座座低平的島嶼，不同於蘭嶼、綠島這些高大的火山島，澎湖島上沒有什麼高聳的山丘。

「所以，在澎湖騎車應該是比較簡單的吧？」這個簡單的結論，是我選擇澎湖做爲今年夏天第一座島嶼的主要原因。我心中盤算的是，讓這趟環離島的旅程有個輕鬆愉快的開始，儲備往後面對顛簸島嶼時的勇氣。

很明顯地，我錯了。

因爲，正是這種平坦的地形，導致澎湖的海風不容易被山脈阻擋，水氣難以爬升空中、凝結成雲，也使得太陽始終炫耀著光芒，在前方無限延伸的柏油路上，折射出一幕幕縹緲晃蕩的海市蜃樓，四周的空氣也像是經過加熱處理的蒸氣一般，將騎車的旅人逼出一身熱汗。

從馬公市上岸後，接上二〇三號公路，這是一條長達三十五公里的「北環」路線，最遠可以橫越跨海大橋，抵達西嶼南端的漁翁島燈塔。一路上，風車、大橋、古厝、玄武岩，是每一個來到澎湖的遊客都會踏上的旅程。

在此之前，我已經兩度造訪澎湖這條北環公路，騎著租來的摩托車一路北行。相信我，就算已經把時速飆到七十、八十公里，無情的豔陽還是會將水氣升溫，蒸熟我們身上的每一滴汗水。也因爲這樣，來往的機車騎士有很充分的理由，繼續加速、飆行，直到下一個能夠遮陽避暑的景點到來。

我看了看馬表上的數字：時速十六公里。

「單車旅行的緩慢，能讓旅人更仔細地欣賞島嶼的風光，切身踩踏的過程，也更能感受島嶼高低起伏的地形……」我在嘴邊碎碎念著那些計畫書上的詞句，無法說服任何人，爲什麼我們要在大太陽底下跑到澎湖來騎車。

包括我自己在內。

我只能勉強告訴自己，這樣的旅程，肯定能發現很多過去匆匆撇過的微小景點，例如一幅簡單的對聯，一扇古樸的窗子；某個在後院玩耍的孩童，或是某間小巧迷人的學校。

現在我們唯一能做的，是在身上塗滿一層又一層的防晒乳液，搭配一件又一件的遮陽裝備，然後一腳一腳地緩慢前進。

在這種時候，即使是一片稀疏狹小的樹蔭，也會讓我們感激萬分的。

中正橋是澎湖本島與白沙中屯島之間的唯一通道，寬廣的橋面加上平整的柏油道路，如果沒有特別注意，或許根本難以察覺這是一座跨越島嶼的橋樑吧！一眼望去，筆直的橋面上完全沒有任何遮蔭，不用說樓房或路樹了，就連細窄的電線桿都是設立在對向的車道上。時間是下午兩點左右，日正當中，我們卻沒有別的方向可以選擇。

「冬天來的話應該會比較好吧？」我心想，少了烈日的高照，也不會有颱風的侵擾，更不用說……

突然之間，我發現自己好像愧對了自己地理老師的身分。

因爲，一面高大厚實的水泥石牆，就聳立在橋樑的右側，我知道這個當然不是用來擋太陽的。

在這裡，平坦的地形無法攔阻水氣，自然也沒有辦法削減強風，四面環海的澎湖群島，在夏日要承受豔陽無情的酷晒，到了冬季，還得面對來自北方大陸、冰冷而嚴寒的季風，也許連大型的卡車都會難以抵擋吧，更何況隻身瘦影的單車騎士呢？

「風竟然大到要蓋一座牆來擋？」從來沒有在冬季來過澎湖的我，感到匪夷所思。

算一算方位，高牆正是坐落在橋樑的東側，果然是用來削減冬天的東北季風。而太陽呢？我抬頭一望，下午兩點，太陽的位置在中間偏西，毫無遮蔽地打在我們身上，深色扎實的影子就落在右側那片高大的擋風牆上，如果仔細觀察，搞不好連斗大的汗珠都能照映上去。

雖然汗流浹背依舊、胯下痠痛依舊，但能在旅程中有這樣小小的發現，還是讓人感到滿開心的。

我轉身向S誇耀我的發現，她說：「我知道啊！」

喔，對了，S也是個地理老師。

「剛剛在聚落就看到類似的東西了。」她說。

熬過大橋，行經聚落，果然發現路旁的公車亭、小菜園，都有一面向著東北的厚牆，用來抵擋強風，我趕緊拿起相機，拍下幾張可以用在課堂教學的照片，然後思忖著可以怎樣爲考試命題。例如這樣：

> 張老師到澎湖旅行，發現當地有許多獨特的公車亭，只在其中一側加裝擋風玻璃牆，請問：考量澎湖當地的自然環境特徵，公車亭的擋風牆最可能面向哪個方

位？（A）東北方（B）東南方（C）西北方（D）西南方。

可以想像的是，連公車亭裡的行人都怕被風吹得東倒西歪了，如果我們真的選擇在冬季來澎湖騎車，又將會是怎樣的慘狀呢？

風吹、日晒，不管你是在哪個季節到來，澎湖總是要讓你印象深刻的啊。我心想，冬天的北風，夏天的豔陽，與其說它們是旅人難熬的折磨，不如說它們是島嶼固有的驕傲，要風有風，要光有光，這就是澎湖得以深深自豪的菊島風光吧！

騎著單車旅行離島是一種很特別的體驗。記得幾年前單車環島的經驗，平均時速都可以維持在每小時二十至二十五公里左右，但臺灣的離島大多是火山島與大陸島，即便是地勢較爲平坦的澎湖，也常在短距離之間出現明顯的高低起伏，拖慢了前進的速度。

但更重要的是，在依山近水的海島上乘風旅行，少有都市繁忙壅塞的氣息，純樸的居民與大海的味道，始終在一路上緊緊相伴著，也難怪我們總是會不由自主的放慢腳步，

甘願用十多公里的時速來體驗這些島嶼。

騎著機車、開著轎車的旅人或許可以在一天之內造訪許多知名的景點，卻容易在匆忙之間忽略路旁小小的風景；身爲單車騎行的旅人，早已有了短時間內無法看遍全島的覺悟，卻也因此更加地悠哉、更加地隨心，更加容易體會島嶼專屬的單純與美好。「因爲無法趕路，所以也難以錯過。」我想這是給單車旅人很好的注腳。

當天晚上，我們把行李丟在西嶼的民宿裡，在向晚的二〇三號縣道上往北騎行，那是遊客們紛紛回到馬公市區的時間，寬廣的馬路上沒有任何往來的車輛。

道路轉向澎二鄉道，連接西嶼北方的小門嶼，是澎湖欣賞夕陽最美的角度之一，但是來到這裡的旅人們，大多只把小門當作北環路線的中間站，安排在海生館之後、二崁聚落之前，匆忙地看一看著名的鯨魚洞之後，就驅車揚長而去。

就像前兩次造訪澎湖的我一樣。

這一次來到這裡，騎著不一樣的交通工具、感受不一樣的地勢起伏，也呼吸更大口的新鮮空氣。胯下的疼痛已經慢慢習慣了，車衣上的汗水也被晚風吹乾，我們牽著單車三

步併作兩步，跳上小門西岸的高地上。

白天酷晒我們的同一顆太陽，已經在海上等候多時。此刻，在你眼前的這位旅人，涼快而放鬆、沉澱而陶醉，並且已經做好跟你繼續奮鬥的心理準備了。

大菓葉的柱狀玄武石壁或許是澎湖最壯觀、獨特的景觀了吧？大自然的鬼斧神工在這個小小的海崖上，雕刻出一排一排平行陣列卻有著垂直節理的石柱。記得第一次造訪澎湖，順著西嶼東部的沿海道路南下，在越過一座山壁之後，整片壯觀的玄武岩壁赫然展現在我眼前，嚇得我差點從摩托車上摔下來。

只不過，大菓葉玄武岩壁位在西嶼東南側的偏僻海邊，從馬公市區一路遊玩過來的旅客，肯定會在中屯風車、通樑古榕，還有二崁聚落等景點駐足遊覽，搞不好還要到白沙海生館去閒晃一番，等到終於來到大菓葉時，常常已經是下午時分了。逐漸西沉的太陽會從岩壁的後頭直直照來，讓整片玄武岩壁顯得灰暗沉沉、毫無生氣，這時候，就算你準備了最高檔的攝影器材，強烈的背光也往往會讓人無功而返。

但我們是騎著單車來訪，考慮沿路上的各大景點，加上無法省略的休息時間之後，能夠看到小門的夕陽已經讓人謝天謝地，更不用想趕到位置更偏遠的大菓葉了……

所以，我們理所當然的在西嶼住上一晚，吃了頓海鮮大餐，也順理成章的在隔天早上，迎著風、順著光，造訪那令人一再嚮往的地方。

此刻，陽光從我們的身後照向山崖，正好為大片的岩壁打光。我們站在大菓葉與海崖相間的狹窄平臺上，眼前是廣闊敞開的玄武石柱、背景又是整面晴朗的藍天白雲，這應該也是一種因禍得福……不，是因「慢」得福吧！

「幸好腳踏車騎不快！」我偷偷在心裡這樣慶幸著。

教育部文化局（現在的文化部）選了十幾個臺灣具有成爲世界遺產潛力的自然與人文資產，澎湖的玄武岩地形毫無疑問是其中最閃耀的一處景點——獨特的地質和古老的歷史，多元的型態與完整的樣貌。許多人造訪過北愛爾蘭的「巨人之路」，或是驚豔於美國懷俄明州的「惡魔塔」，其實那都是類似的地貌、相同的成因，而我們澎湖可是一點也不遜色的。

只不過，我環顧這個堪稱世界級的難得景點，四周只有一個小小的觀光立牌，沒有柵欄、沒有售票，更沒有什麼觀光人潮，大菓葉玄武岩壁低調得像是每個村落隨處可見的風景（例如一片竹林，或是一座小廟），磅礴大氣的景觀與靜謐無人的氣息，呈現一種極端違和的氛圍。

岩壁的前方，有一處小小的凹槽積水，部分碎裂倒下的石塊就堆落在一旁，仔細一看，還有些菸蒂和垃圾遺留在附近。

「至少要有個管理員或解說員吧？」我喃喃自語。

我不禁開始想像，這裡要是來個充分開發、物盡其用的話，會是怎麼樣的光景呢？

首先，得把兩側的道路封起來吧！北側是園區的入口，設立售票處和詢問臺，南側則是出口處，闢一條階梯步道將前後相連。然後在入口的兩旁清理出一塊平坦的空地，當作停車場（預計要提供一百臺汽車和二十臺遊覽車停靠），入場券加上停車半小時的費用，就收新臺幣一百五十元好了，還可以和二崁聚落（現在是免費參觀）一起弄個聯合門票，二百元吃到飽。

別忘了，南側一定要有個商品部擋在前往出口的必經之地，販賣柱狀玄武岩的相關商品，明信片一張三十元，造型磁鐵一個五十元，那種不知道誰會買的高畫質寫真書，一本二百五十元。考量到澎湖炎熱的天氣，弄個印有玄武岩圖像的扇子或許也會熱銷，接著再設計一對俏皮可愛的玄武岩寶寶，當作

園區代言人（顏色就選咖啡色和粉紅色吧），並推出相關商品（因為是獨家商品，可以賣貴一點）。最後，記得找到面對玄武岩壁的最佳拍照位置，擺上「攝影留念一次二十元」的告示牌，多撈觀光客一筆。

「……」

想到這裡，我不禁又轉頭望了望這片荒涼的岩壁。「還是就這樣子吧！」我又在喃喃自語了。

玄武岩群島

澎湖 地理補給站

玄武岩景觀是澎湖最受矚目的地質特色，事實上也是組成澎湖群島的主要岩石（花嶼除外）。除了大菓葉玄武岩之外，西嶼的小門、池西，馬公的風櫃、湖西的奎壁山，南海上的桶盤嶼、七美、望安，都有豐富的玄武岩景觀。當然，這些古老而堅固的石頭，也是澎湖居民生活上不可或缺的傳統建材，包括古厝、水井、石滬，甚至廟宇的石柱、村落的避邪石碑「石敢當」，都是以玄武岩為材料。因此，澎湖的玄武岩可是集結了地質美景與人文情懷於一身呢！

附帶一提，澎湖的玄武岩是在 1800 萬到 800 萬年前形成，比起臺灣島的 600 萬年歷史悠久多了。當然有更古老的，不過也是位在澎湖，位於澎湖最西方的花嶼至少有 6800 萬年以上歷史，夠驚人了吧！

北
澎湖海生館
東側聳立著
擋風高牆的中正橋
奎壁山
本島
203
202
馬公機場
裡正角
林投公園
204
201
山水沙灘
①
②
將左右頁中間灰色
部分相互對摺重疊
即可成為完整地圖

北環路線
湖西路線
南環路線
擁有美麗夕陽的小門嶼
跨海大橋
通梁古榕
203
澎
西嶼
網垵沙灘
二崁聚落
適合早上造訪的大菓葉玄武岩壁
203
馬公市區
馬公港
蛇頭山
漁翁島燈塔
①

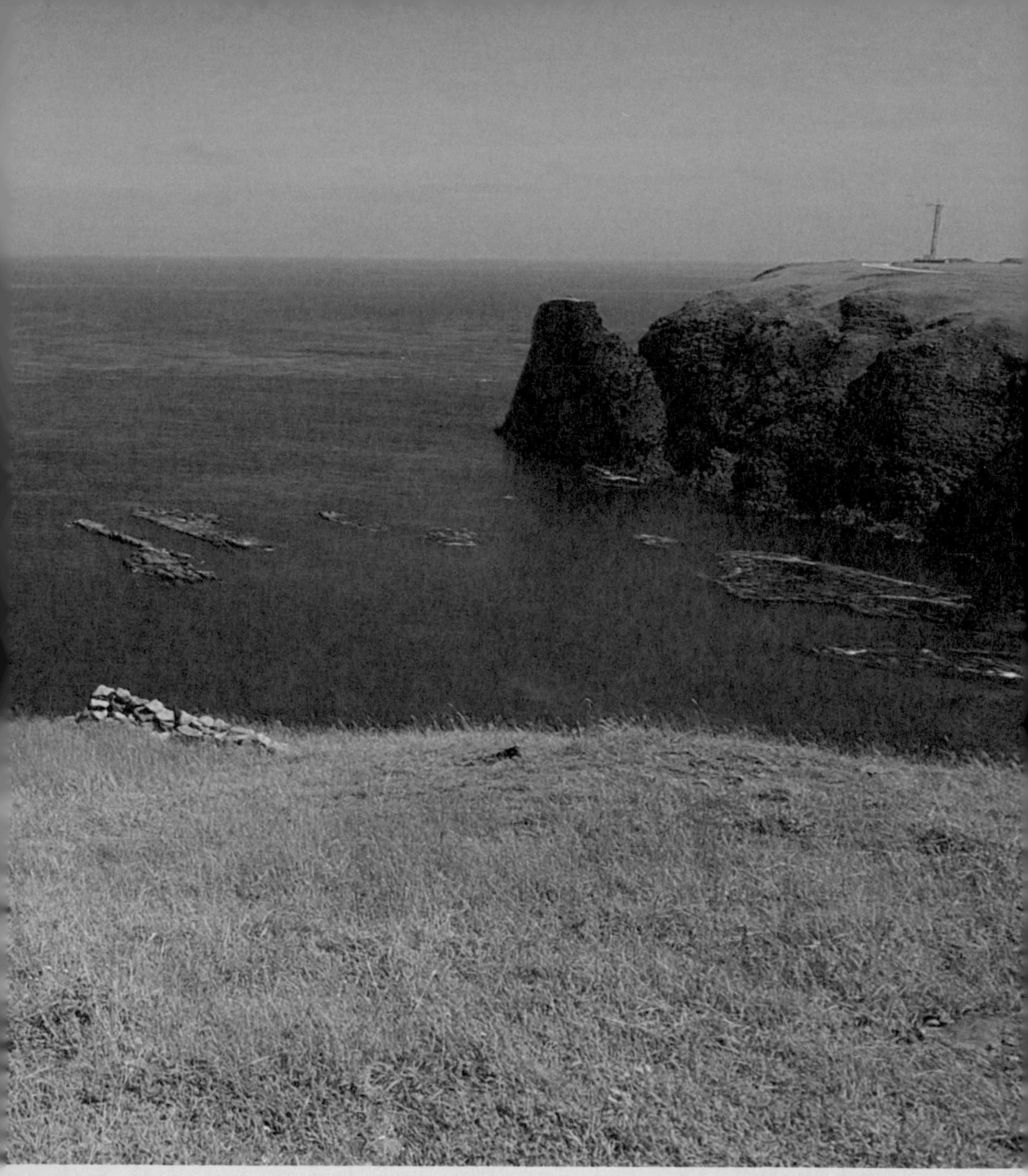

身體與土地、心靈與島嶼如此貼近，旅人從中感受到一種獨特的關係。被信任也好、被認同也罷，那是一種「我們是一家人」的歸屬情感。

澎湖——七美、望安

／最美麗的風景

搭船前往七美並不是什麼愉快的經驗，雖然航程只有一個多小時，但是因爲快艇吃水不深，在南海上隨著波浪奔騰跳盪的結果，就是讓早起搭船的我們頭昏腦脹，完全提不起勁。雖然這已經是我第三次造訪七美了，但不管怎樣閉目養神、咬牙苦撐，還是無法抵擋一波波高低擺盪帶來的嚴重暈眩。

令人煎熬的事件還不只在船艙裡頭發生。陷入暈船之苦的我們，當然無暇看管甲板上用繩索簡單固定的單車，快艇上下擺盪所激起的高大浪花，輕易地翻越船身，直接打在車上。眼看著鋼圈、鏈條在甲板上緩緩地鏽蝕、腐壞，我卻只能乖乖地待在船艙裡，閉目忍受顛晃。

好不容易入睡，又很快被鄰座嘔吐的臭酸味給熏醒，我心想：「應該快到七美了吧！」要知道，每一次造訪島嶼，從海上遠遠望見陸地，那種期待與未知的感受，總像是發現新大陸一般地令人振奮。於是我勉強撐著身體走出甲板，想從海上拍幾張遠望七美的樣子，可惜，大片黯淡的烏雲擋住了澎湖引以爲傲的陽光，相機螢幕中的島嶼像是鋪了一片灰塵似的，又添增了一些令人鬱悶的氣息。

暈船的旅人、生鏽的鏈條和陰沉的天氣。「沒關係，最糟糕的情況也不過就是這樣子了吧……」我努力安慰著自己。

結果，等到我們踏上港口，雨滴答答落在我肩頭的時候，我就知道我錯了。

天空中的綿綿雨絲逐漸轉變成大顆的水滴，灑落在我們沿著東海岸北行的路上，原本想穿上雨衣硬著頭皮前進的，只是雨勢越來越明顯，打在我們身上的痛楚也越來越強烈，雖然有一、兩臺機車依然在溼透的公路上馳行著，但我們還是決定在路旁的涼亭暫時小歇一會。

其實，本來還想要再多撐一段路的，但是七美的涼亭實在是太多了。「看到下一個涼亭就休息好了！」原本不想輕易停下來的我，向S這樣承諾著，結果才翻過一個幾十公尺距離的小丘，一個長得差不多的涼亭又出現在眼前。

「這……」我想了想：「再下一個好了。」不到兩分鐘，新的涼亭又出現了。

「……」還是進去休息一下吧。

停下來躲雨是個正確的決定，除了因爲雨勢越來越大，也因爲這個涼亭位在一個視野開闊的海崖邊，雖然大雨爲這片風景蒙上了一層霧茫茫的水氣，但我們依然可以在這裡好好感受七美寧靜而安詳的一面。

等到呼吸慢慢平緩下來，腦袋也清醒一些之後，我才發現剛才執意想冒雨前進的念頭有多愚蠢。撇開行車安全的因素不說，在雨中倉促趕路，根本就違背了「單車離島」計畫最原始的初衷啊！

「說什麼緩慢而貼近島嶼的旅行，我看你根本就忘光了吧？」我懊惱的責備著自己。

轉身面向海洋，海水和天空都是淡淡的灰藍顏色，近海的水面上沒有什麼工作的船隻，再遠一點的視線就被雨水給遮蔽了。

兩、三座墳墓坐落於道路和海洋之間的懸崖邊，方向都是面著海的，我心裡想，雖然此刻雨珠打在墓碑和漂亮的水泥牆上，也浸溼了墳邊青綠色的草地，但你們都已經在這裡待上一輩子了，應該早已認識這座島嶼的氣候，如果可以的話，或許你們會用沉穩而緩慢的語氣提示我，這樣的雨勢將在什麼時候停歇？哪裡又是你們獨藏了一世的私房美景？

如果可以選擇的話，我是否也甘願這樣子被這座島嶼軟禁著呢？

雨勢逐漸由小轉大的時候，有幾臺摩托車匆匆地駛過我們所在的涼亭，上頭載的應該都是路過的旅客吧？雖然他們大多沒有準備雨衣，但是輕便的外套還是可以稍微抵擋這樣的雨勢。或許不是每個人都選擇在七美過上一夜的，所以儘管冒著風雨，大多數的人還是得加速完成在這座小島的行程，然後返回港口趕上前往望安的船隻。

我稍微可以體會他們現在的心情，難得來到這座離島之中的離島，停留短暫的一、兩個小時，卻被這場大雨給打壞了興致，只能匆忙隨性地遊歷一番。我猜他們會是這樣想的：「唉，至少要環島一圈吧！」或是「唉，至少要看到雙心石滬吧！」

「唉」的那一聲，應該是因爲無法看到島嶼最美的一面而感到遺憾吧？每個人都希望自己來到島嶼旅行的時候，可以遇上一個大好的晴天，找到公認最美的景點，拍下色彩鮮明的畫面。只是換個角度來看，那些陰雨時分才能透露出的浪漫氣息，又該由誰來細細品味呢？有沒有哪一個旅人不是渴望著晴朗，而是來這裡拜訪七美的陰天呢？

一隻黑色的山羊從馬路的另一頭冒了出來，後頭跟著兩隻、三隻，慢慢聚成了一大團

的羊群，我差點忘了，其實牠們才是這裡真正的居民啊！不過仔細想想，跟來往奔波的機車騎士比起來，牠們在雨中從容漫步的樣子，的確顯得更加的適應與釋懷，對於這場綿綿不斷的大雨，牠們看起來也沒有任何怨懟之意。

幾分鐘不到，山羊群已經漫步到涼亭四周了，發現裡頭有人類棲息的牠們，馬上掉頭離開涼亭，繼續往四周尋找可以遮蔽的地方。我發現，有幾隻小山羊繞過山丘，跳過岩壁，跑到那座面海的墳墓旁邊，就靜靜地靠著牆壁，動也不動。

算了算大概的方位，面海的那邊是東邊，風雨正從那裡吹來，因爲風勢不小，雨絲被拉得細長而傾斜，墳墓矮矮的水泥石牆正好擋住了風雨的來向，爲小山羊們提供了狹窄但乾爽的空間。

「哇，好聰明的山羊啊！」我不禁小聲驚呼。

我猜想，不知道從什麼時候開始，也不知道是哪一頭山羊率先發現，人類建來燒香拜拜的這個奇特建築物，原來可以做爲牠們遮風避雨的小小基地。但可以知道的是，在牠們發現了這些祕密基地之後，每當颳著大風的細雨造訪七美，牠們就會漫步到這裡來，倚靠在七美人的祖靈身旁。

「比這些祖靈的子孫們更頻繁地到來。」我心裡想。或許在某一個層面來說，這些山羊才是讓墳墓主人不致孤獨的心靈依託吧。

回過頭來觀察那些留在大馬路上的羊群，果然，牠們也不約而同地走向道路的東側，在矮牆邊排成長長的縱列。圍牆的高度只比羊隻高上十幾公分而已，但已經足夠遮擋大部分斜降下來的雨水。不到幾分鐘，牆角的位置就被羊群給擠滿了，原本難以通行的路面，也已經完全空曠開來，黑色的山羊倚靠在鐵灰色的石頭牆邊，形成一種另類的保護色，來往的騎士要是沒有仔細查看，還真難發現這些聰明的羊群呢！

原本被涼風吹得有些倦容的我，這下精神全都來了，拿起相機一陣猛拍。看著零星幾臺依然狂飆而過的機車族，我突然想到，你們來這裡尋求美麗的風景，但是在幾許風雨吹打的此刻，北風、細雨、羊群和矮牆，正構成一幅單純、美好而難得的畫面，是我們未曾見過，甚至無從想像的不是嗎？

「大晴天來還看不到呢！」

「這兩個人沒問題吧？」我想第一隻探頭走進涼亭的山羊，心裡應該是這樣想的。

雖然墳墓、路牆都已成爲羊群臨時躲雨的角落，但馬路上還是有好幾隻冒著風雨的山羊，在不見減緩的風雨中前後徘徊。我對著牠們恣意拍照一番之後，也慢慢轉移了注意力，

開始顧慮起大雨是否有停歇的一刻，會不會耽誤到後頭環島和用餐的時間，S也累得趴倒在涼亭的石板桌椅上，沉沉的打起盹來……

冷不防地，那隻山羊就出現在涼亭的入口。

「……」

怕會嚇到牠的我動也不敢動，就跟牠這樣四目相望著。仔細觀察，那是一頭壯碩的公羊，頭上頂著短小卻結實的犄角，應該是羊群中領袖等級的角色吧？我注意到牠只有前段身子踏進涼亭，後半身還留在外頭淋雨，或許是還在打量我們兩個陌生人——安全，還是威脅？

再往後頭望去，涼亭外面還有十多頭大大小小的山羊，若不是牠的親友子孫們，也應該是羊群部落中的族人吧？牠們在公羊的身後靠成一團，同樣被大雨淋得滿身溼透。

看樣子，這隻領頭的山羊，正肩負起冒險探勘的重責大任，要爲牠的妻小與族人們找到一個安全而舒適的避風港，而此刻在牠們眼中最大的威脅與危險，就來自於涼亭內兩個奇裝異服、身邊還停著兩臺奇怪機械的直立猿人……

「就是我們。」我心知肚明，腦中不禁聯想起好萊塢的科幻電影裡頭，太空人前往未知的星球勘查，當他們第一眼發現外星人的存在時，心中帶著那種期待又怕受傷害的複雜心情，大概就是這頭公羊此刻的心境吧！

我叫醒S，但示意她和我一起平靜氣息（她差點嚇得大叫），想塑造一個友善而溫柔的氛圍。領頭山羊靜默了數分鐘，前腳稍微往前踏了兩步，又隨即停了下來，繼續監控涼亭裡的狀況。在牠後頭，一隻嬌小可愛的羊仔，看見公羊前進的腳步，興奮的大步跳進涼亭，結果卻被公羊用後腳給阻止、驅趕了出去。一連著兩、三次，在確認這裡安全無虞之前，牠都不願讓自己的族人們冒險踏進涼亭。

「很盡責的族長啊！」我心裡想，隨即皺起眉頭：「但我們真的是好人啊！」雖然心疼牠們不斷困守在容易著涼的風雨當中，但我還是可以體會公羊力求謹慎的用心。於是，我一再退移自己的身子，避免做出一些明顯的動作，希望可以早點打開羊群的心防。

這樣子你看我、我看你的場面，幾乎僵持了十多分鐘，我一直沒有把我的雙眼移開，但是慢慢的，我也開始觀察起牠扁平而奇特的瞳孔、後旋而尖銳的羊角，以及細長而結實的四肢。看著看著，我甚至想幫牠取個什麼威風的名字，好彰顯牠面對異族仍然沉著勇敢的表現，例如「大角」或是「威力」之類的，取個有點原住民味道，像是「哈吉斯．阿勇」之類的稱呼也不錯……

就在我胡思亂想之際，帶頭的公羊已經全身踏入涼亭裡頭，也默許身後的家小陸續跟進。當我回過神來，一隻、兩隻、四隻、八隻，越來越多的山羊走進涼亭，跟我們共處在同一個屋簷下，慢慢的，幾隻原本在公路牆角躲雨的羊隻也轉移陣地，加入我們的行列，或站、或坐、或蹲，牠們防備的神情逐漸降低，幾隻較大的山羊也不再一直望著我們看了。

我突然被眼前這一幕感動得說不出話來，不是因爲第一次跟羊群如此近距離的接觸，而是因爲我知道，在牠們願意放下心防、走進涼亭的這一刻，我們已經獲得山羊們的信任了。

我這才意識到，這場突如其來的大雨要教會我們的，不只是靜下心、緩下速，細細地品嘗島嶼的風光而已，更重要的是，身體與土地、心靈與島嶼如此貼近的交會，旅人可以從中感受到一種獨特的關係。被信任也好、被認同也罷，那是一種「我們是一家人」的歸屬情感，不能適用於任何「匆忙」或「倉促」的情境當中。

這樣的感動讓時間過得飛快，不知道從什麼時候開始，雨勢已經慢慢趨緩了下來，我幾乎忘記了我們還有環島的任務要做，以爲自己早已完成在這座島上最重要的工作了。

「謝謝你們。」臨走前，我對羊群默默的道謝。

我只是一個陌生的旅人，你們卻願意給我那麼多的信任，那是無可取代的最好禮物，謝謝你們！

大雨在我們離開涼亭之後，就再也不曾下過了。我們沿著七美的海岸線逆時針繞行，那些曾經熟悉的景色，在換了一種心情之後，似乎又是完全不同的光景。望夫石、月鯉灣、還有一座座鬼斧神工的海蝕平臺，緊緊地貼在陸地與海岸之間，每隔幾百公尺，下一片壯麗的風景便悄然現形，在我們感到痠痛、疲累之前，就開始補充我們心底的能量。

繞過東岸著名的「小臺灣」海蝕平臺之後，前方便是一條綿延陡斜的長下坡，坡道還算平直，沒有太大的轉彎，我決定放開煞車，全心全意地去享受這趟舒暢的滑行。

「呼～～呼～～」那是雨後吹拂的微風。

「嘩～～嘩～～」那是崖底傳來的浪聲。

在海風與浪聲的陪伴之下，這段不過頃刻之間的滑行，竟讓人感到無盡的長久。在那短暫而痛快的滑行當中，我彷彿唱了一整首柔和而美好的歌……

島歌～乘著風啊，隨飛鳥～到海的那一邊，
島歌～隨風飄吧，把我的眼淚～也帶走吧。

那是湯旭的〈島歌〉，名副其實地，帶著我們走完島上每一段看得到海的道路。

「望安到了！」甲板上的船夫叫喊著。

從七美航向望安的距離不長，風浪也不致顛簸，但偶爾還是有一、兩道浪頭無情地潑打在我們的單車上。天空依然陰晴不定，儘管我們都知道太陽就躲藏在那片雲層之後，甚至偶爾還能看見雲縫中直射而出的耶穌光，但此刻的我並不期待晴天的到來，只祈禱老天可以不要再下雨就好了。

望安舊名「八罩」，過去以漁業和文石開採而繁榮一時，但是近年來，傳統產業開始沒落，加上望安的觀光景點較少，無法像七美一樣吸引大量的遊客，於是年輕的人口逐漸遷移、離開，使得這個澎湖面積第四大的離島，人口竟比鄰近的將軍嶼還要稀少。

島上的許多遊客是從七美返回馬公的跳島航程中路過的，如果要在南海諸島中度過一晚，大多數的人們也會選擇七美，而不是離澎湖本島較近的望安，因此，像我們這樣牽著單車，還打算在此過夜的遊客，實在是少之又少。

也因爲這樣，望安四處散發著一股寧靜而沉穩的氣息，連應該是最熱鬧的主要港口，都透露著島上近幾年來一貫的蕭條。雖然這在當地居民眼中不是什麼好事，但對我們這些嚮往島嶼真實面貌的旅人來說，倒也是種很好的體驗。

帶著些微的暈眩踏上望安島，我們沿著海岸順時鐘繞行，這個路線的決定很簡單，因爲在豔陽底下環島一周之後，終點將會是冷氣開放的綠蠵龜保育中心。

「不管是從知性或體力的考量，都能算是一個Happy Ending 吧！」我心裡想。

望安的地勢比七美平坦許多，繞島一圈也只有七公里左右，幾乎是七美的一半而已。環島路途中沒有太多岔路，觀光客大多聚集在島嶼西側的花宅聚落，將那裡的小吃店鋪與名產攤位給團團圍住。販賣文石和仙人掌冰的攤販勢必得好好把握眼前這群不知來自臺灣還是中國的客人，雖然這些搭乘遊覽車到來的觀光團只有少少的十多人，卻可能是今天最後一批人潮了。

我們跟在人群之中，想偷聽一些關於古厝的介

紹，但中年導遊的說詞和旅遊書上的內容大同小異，而且很快就催促著他們的團員離開，我們留在那裡，向路邊擺攤的阿嬤買了包仙人掌果實，順便和她東扯西聊，想知道更多與這裡有關的故事。

阿嬤告訴我們，等最後一批觀光客離去之後，差不多是下午一、兩點左右（就是現在），他們也要準備收拾攤位，回到港口附近的老家去了。聽說，原本擁有一千三百多人的花宅聚落，現在只剩下幾十位老人居住了，流失的人口雖然讓這裡保有樸實而原始的氣氛，但破舊的牆壁、蔓生的雜草，卻也讓這裡徹底失去了生氣。

我們在聚落中保存最完整的曾家古厝旁，找到可能是唯一還住在這裡的年輕女孩。她是曾家第五代的子孫，爲了讓古厝重新燃起生機，主修資產保存的她決定回到這裡發展文創工作，而古厝旁小小的磚砌倉庫，也成了她販賣T恤、明信片的個人工作室。

S買了一件她設計的白色T恤（現在是她最愛的衣服之一），並藉機閒聊了幾句。女孩的個性單純而樸直，但在言談、舉止之中，卻也不時透露著她對這座島嶼、這間古厝的期許和珍惜。

「一個人住在這裡，不會怕嗎？」我問她。

「一開始會啊！」她告訴我：「但是久了就習慣了。」臉上是靦覥但充滿自信的微笑。

隨著觀光人潮的散去，她也開始準備要收拾攤位上的商品了。我們離開花宅，循著環島公路向北方前進，路途筆直而平坦，和煦的陽光也取代了烏雲，但我的心思卻始終留在古老聚落中的年輕女孩身上。

當我試圖趁著年輕的時候遊歷四方，那位同樣歲數的女孩卻選擇重回自己的故鄉；當我想用年輕的壯遊來累積未來的能量，她卻把青春的歲月揮灑在自己出生的地方。

花再多的時間、流再多的汗水，我們終究只是島嶼的訪客。或許我們願意在島上多待個一、兩天，好讓自己對島嶼更加的貼近與熟悉，但不會改變的事實是，和那位年輕的女孩相比，她最終選擇了回到這裡，而我們頂多只是晚點離開而已。

「這沒有什麼好比較的。」我提醒自己，但腦中卻依然重複的想起、又想起。

天台山是望安另一個勉強算得上知名的景點，雖然海拔只有五十六公尺，但已經是澎湖前三名的高山了。在山頂，除了可以鳥瞰整個望安，也能向西眺望南海上的其他島嶼，但是因爲午後的一場細雨，海上的視野並不理想，加上行經花宅的遊客幾乎都集中到這裡來了，前往山頂的階梯上到處都是人潮，因此我們決定在雨停之後，就儘快的驅車北行。在我的盤算中，離開這兩個主要景點之後，接下來的路程應該就會快上許多了。

不到幾分鐘，我們就抵達了位於島嶼北端，也同樣人口稀少的水垵聚落。在地圖上，水垵有一條小小的道路，通往西北方一個稱作「西洞尾」的地方，聽說那裡可以欣賞夕

陽，還有一個廢棄的燈塔，但是我們在村子的入口處沒有找到任何路標，狹小的道路看來也無法讓遊覽車輛通行，看來，那裡不是一個吸引觀光客的景點。

瞄了眼手錶，我默默告訴自己：「或許還有時間來趟小小的冒險吧！」

幾乎沒什麼猶豫，我們就決定要到聚落後頭的西洞尾去瞧一瞧。但這可不是一件輕鬆簡單的任務，因爲村裡的道路狹窄而複雜，愈是靠近海邊，地勢就愈形陡峭，萬一不小心滑進一條錯誤的小徑，回程的坡度可是會讓人欲哭無淚的。

幸好，我們終究還是找到了正確的方向，狹隘的單行車道帶領著我們從北邊離開了村落。不到幾分鐘，平矮的建築與磚牆逐漸減少，周圍的視

野開始遼闊起來，再往前行數百公尺，所有道路以外的人造建築都已經消失無蹤，我驚訝於這裡的路況依然十分平整，若不是政府有在固定修護，應該就是連村民都鮮少造訪這裡了。

道路把我們帶到離村落越來越遠的地方，四周盡是一望無際的寬廣草原，地勢平緩，微風徐徐，在不知不覺中，我們已經看不到水垵聚落的蹤影了。沒有路標，也沒有任何遊客，我們連自己要追尋什麼都不知道，只是一直沿著道路前進，直到路寬開始縮減，直到水泥不再鋪設，直到連泥土路都消失了爲止。

一座像是毀壞的燈塔，又像是瞭望臺的水泥建築聳立在道路的盡頭，前方已經可以看得到海了。順著階梯爬上去，才能看到我們一路騎行而來的道路，狹窄而曲折、荒涼而寂靜，距離水垵聚落不知幾百公尺之遙。

我讓單車平平躺下，安靜地站在這個望安西北角的盡頭，耳中只聽見浪濤和海風，偶爾再加上草叢彼此覆倒摩搓的聲音。S跟在我身後，雖然我無法向她解釋爲什麼要走進這片荒野之中，但她和我一樣停下車來、默不吭聲，好像這片荒野有種觸動人心的感染力，讓每一個造訪這裡的人，都願意在此虛度光陰。

原本已經不怎麼熱鬧的望安，在這裡更顯得寧靜而孤獨。「這裡真的稱得上是天涯海角了。」我心裡想，沒有觀光人潮、沒有小吃攤販，甚至沒有任何垃圾和路牌。在這裡，你聞到的氣息就是島嶼的氣息，你聽到的聲音就是島嶼的聲音，或許，這裡才稱得上是望安最原本的樣子，在漁民未曾上岸、在古厝尚未興建，在島嶼的名字都還沒有賦予之前……

有任何來到西洞尾的旅人爲了這裡而感動的嗎？有任何住在望安的居民爲了這裡而驕傲的嗎？在這片杳無人煙的荒野之中，我們停留了很長一段時間，就只是單純的聽海、看海，甚至閉上眼睛沉思、冥想，連後來到底是怎麼離開的，我都不記得了。

大約在一九九〇年代，睽違已久的綠蠵龜重回望安的沙灘產卵，研究與觀光熱潮一夕捲起，吸引了大量的研究人員與觀光遊客，島上除了興建一座占地廣大的保育中心，也舉辦了許多相關的研習營隊，在遊客較多的暑假期間，每晚還有探訪綠蠵龜的夜觀行程。當然，遊客們得先參加一場迷你的生態講座，瞭解重要安全須知，還得視當晚天氣、潮汐等狀況，才能順利成行。

還沒啓程環島之前，我們在民宿遇到一群來自「龜仔寮」的年輕人，他們是一群海洋大學畢業或實習中的學生，正準備帶領一梯辦給中學老師的綠蠵龜生態研習營，還邀請我們到他們的工作室去看看。

晚上，結束了望安環島的行程，我們真的造訪了那間小小的工作室，想去瞭解綠蠵龜的現況，還有他們在島上努力的成果。兩個年輕的學生熱情地招待我們、介紹工作室的歷史和紀錄，聊起綠蠵龜的話題，他們就有說不完的故事，從最早開始進行研究、舉辦營隊，到現在成立了工作室，許多明明充滿辛酸淚汗的過程，在他們口中卻像是新鮮而刺激的冒險，好像這裡就是他們的家園，綠蠵龜就是他們的夢想一樣。

「他們好像愛上了這裡似的……」我心裡想，隨即又馬上轉念：「不，他們真的就是愛上這裡了。」

最令人嚮往的眼淚與汗水，應該就是在愛裡頭落下的吧！眼前這些年輕人們還在滔滔不絕地述說他們的故事，我卻情不自禁地分神了、羨慕了，幻想自己是否也能擁有這樣的熱情。

相談甚歡之際，他們邀請我們到工作室的二樓坐坐，那是一個露天空曠的陽臺，地板和牆面都是舊有屋宅原本的樣貌，只是擺了幾張桌椅，打上一盞黃燈，雖然緊鄰著主要道路，但夜裡的望安只聽得到海浪與晚風，沒有其他惱人的聲響。

我們走上樓梯，發現早有一群人聚在那裡了，研習營隊的隊輔、外地的旅客、望安公所的職員，還有上午在古厝擺攤的女孩，這個露天陽臺彷彿一個祕密基地，匯集了島嶼上不甘寂寞的人們。

我們點了杯調酒，也加入他們的行列，話題從綠蠵龜的生態保育，延伸到望安的人口外移；從當地有趣的靈異故事，再到各種旅行島嶼的方式。我們一面提出不解的疑問，一面大聲地點頭認同，此刻，這個簡陋的陽臺應該是整座島上最熱鬧的地方了。

「很多人待個幾年就想離開了。」鄉公所的職員說。

「那你呢？」

「可能也差不多吧……」

「來散散心啊！」看起來非常健壯的男人說，他是剛參加完國際比賽的代表選手。

「順便想想接下來的路要怎麼走……」他又補上一句。

「我們是真的環島一圈耶！」這位是留著小鬍子的中年男子，他用雙腳環繞澎湖。

「可以的話，甚至就沿著海水旁邊的沙灘走喔！」他的下一個目標是蘭嶼。

「我接下來也要去蘭嶼耶！」換我說了。

「騎著腳踏車旅行是我能爲島嶼做的最美好的事。」

時間在不知不覺之中，溜過了好幾個鐘頭。我抬起頭來，夜空中沒有幾顆星星，海邊也沒有發現綠蠵龜的蹤影，但是，一群不曾相識的陌生人，卻聚集在這座偏遠的離島上，帶給彼此無比充實的一夜。

我在心底默默的發現，這個小小的陽臺、這群有緣的人們，彷彿成了島上最美麗的風景。來自不同的故鄉，前往相同的島嶼；看見同樣一片風景，卻說出不同的故事。

我瞬間總結、也反省了自己數次來到澎湖的歷程。原本以為非得換個旅行的方式，才能在重複不變的景點中找到全新的感受，但原來，旅行的意義從來就不在於那些風景，而是在於造訪風景的人們。因為每一次前往，都帶著不同的心情、有著不同的期待，因而可以在同一條道路、同一片海洋、同一面石壁、同一棟古厝裡，發現不同的樣貌、凝聚出不同的情緒，然後形塑出一則新的故事。

那些故事無法猜想、無法預測，也無法輕易的體會，只有在某個酒酣耳熱的夜裡，像今晚這場陌生人們的聚會之中，你才會碰巧的說出，與聽見。

而它們將是說也說不完、忘也忘不掉的。

飽受侵擾的海盜島

七美、望安 地理補給站

海盜侵擾澎湖的歷史或許比臺灣本島更加久遠，雖然臺灣占地較大、物產豐饒，但是澎湖的地理位置更靠近中國，加上地形、海流、原住民等因素，許多知名的大海盜都曾以澎湖當作商船貿易或是四處搜刮的據點。當然，這對當時居住島上的漁民來說，應該不是什麼好消息吧！

舉七美望安的例子來說，七美舊稱「大嶼」，為了紀念明朝年間倭寇侵犯時，有七位美女被迫投井殉節的貞烈事蹟，於 1949 年更名為「七美」。而舊名「八罩島」的望安甚至曾有「海盜島」的稱號，為了因應海盜頻繁的侵擾，島上連聚落裡的建築都設計成方便逃跑、躲藏的形勢呢！

■ 七美、望安兩島相距 20 公里

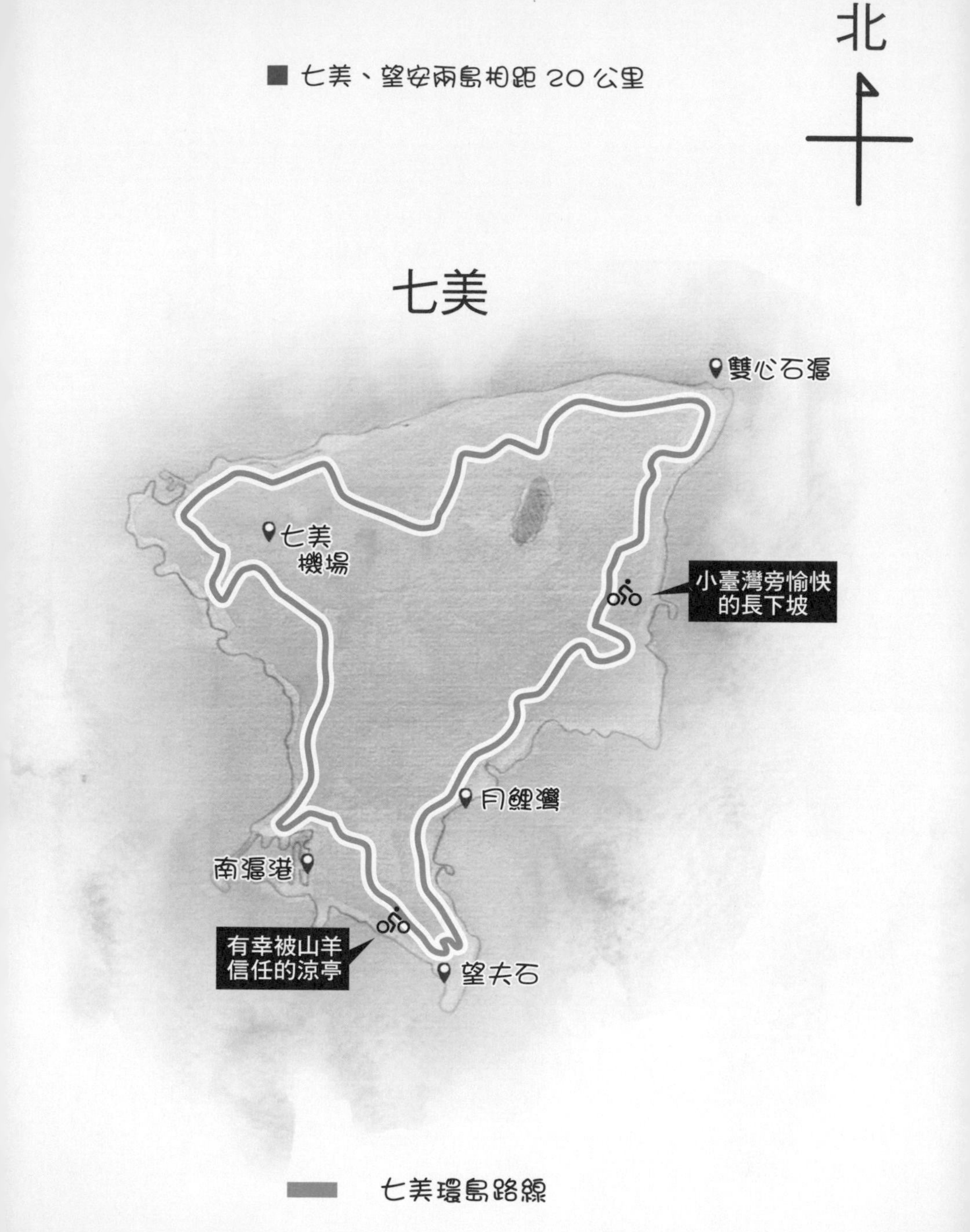

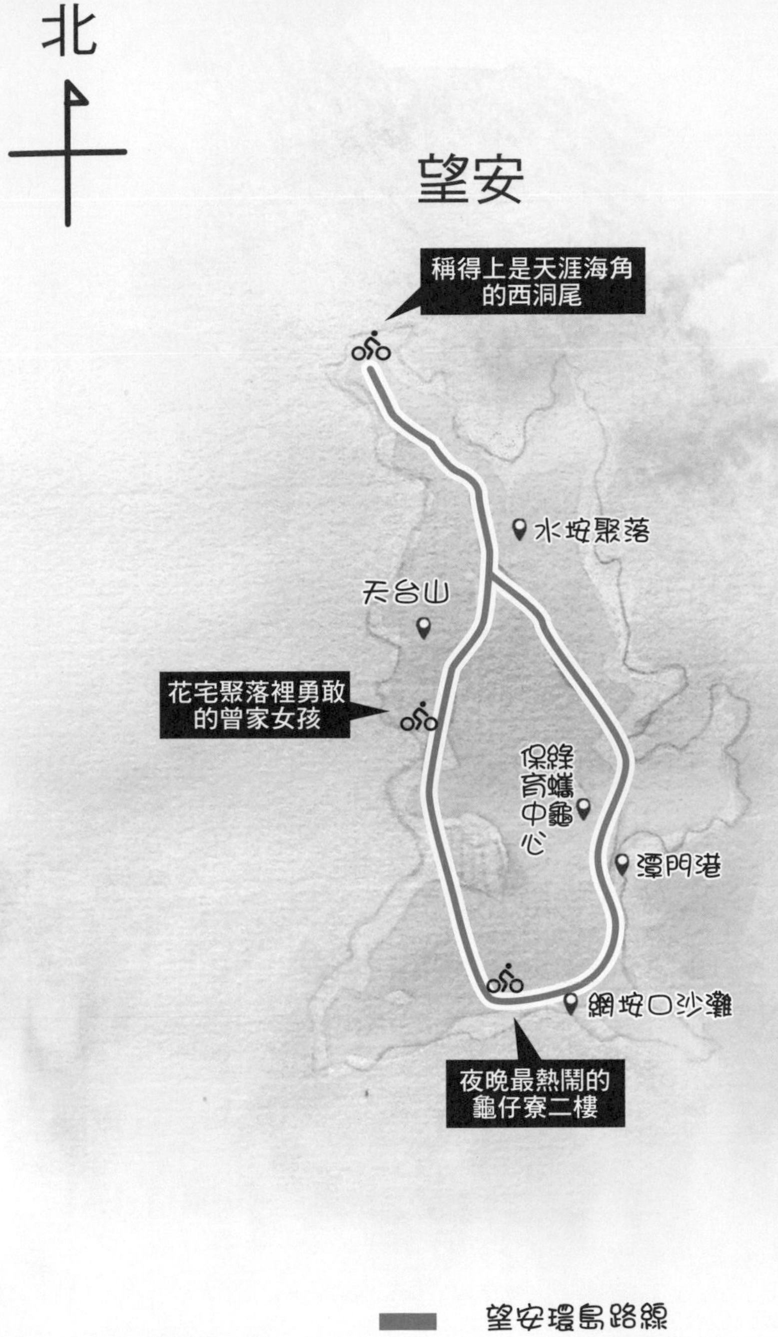
北
望安
稱得上是天涯海角
的西洞尾
水垵聚落
天台山
花宅聚落裡勇敢
的曾家女孩
保育中心
綠蠵龜
潭門港
網垵口沙灘
夜晚最熱鬧的
龜仔寮二樓
望安環島路線

交通建議

前往澎湖的交通非常方便，臺中、嘉義、臺南、高雄都有開往馬公的班機和船班，從臺北松山機場也可以飛向澎湖，「沿著菊島旅行」這個網站有非常詳細的交通資訊，還有你想要知道有關澎湖旅行的所有訊息。

攜帶單車搭乘飛機要有較多的行前作業，如果沒有暈船疑慮，腳踏車可以直接牽上所有前往澎湖的船隻。事實上，前往馬公的客輪都還算平穩，倒是往來南海各島的快艇，暈船機率頗高，也要當心打上甲板的海浪，那對你的愛車是很傷的。

達人引路

澎湖是臺灣最大的離島，主要的行程可以分爲馬公市區、北環（西嶼）、湖西、南環，和七美、望安兩個離島。北環與七美、望安建議安排一個整天，湖西與南環則可以結合成一天的行程，或是搭配其他半天的海上體驗活動。

某些有時間限定的景點可以當作環島行程規畫的參考，例如日落時分美輪美奐的西嶼小門和馬公觀音亭；海水退潮才能踏浪前往的奎壁山。因爲單車的速度較慢，如果有報名參加各種海上活動，請把約定的位置安排在順路的時間點上。

離島最令人驚艷的風景，往往都在島嶼最貼近海洋的沿岸地帶，千萬不要錯過西嶼的網垵沙灘和望安的西洞尾。若是不在乎走錯路，無論何時，請別客氣往大海的方向騎去就對了。

・仙人掌炒飯

六天五夜建議行程

第一天：搭船前往馬公，騎車抵達西嶼的民宿，應該趕得上小門的落日。

第二天：從東海岸開始順時針環繞西嶼，傍晚返回馬公。

第三天：早上繞行湖西，下午前往南環盡頭的蛇頭山。爲了配合奎壁山退潮的時間，湖西和南環的順序也可以相互交換。

第四天：早起搭船前往南海，用一整天的時間環繞七美，記得放慢你的速度。

第五天：乘船前往望安，從港口順時針方向繞行的話，最後一站會是冷氣開放的綠蠵龜保育中心。

第六天：直接或跳島（虎井、桶盤嶼）回到馬公，返回臺灣。

小叮嚀

馬公和七美、望安機場都有免費租借單車的服務，但是數量有限，而且得在傍晚之前歸還，有些民宿會提供單車給住宿的旅客，出發前不妨打個電話詢問。澎湖雖然地大路長，但地形大致還算平坦，一般的單車都能勝任環島的工作。

離開馬公市區之後，澎湖各地的馬路又寬又平，方向標示也還算清楚。只是夏天的豔陽可不是一般的酷熱，只靠防晒油是完全不夠的，頭巾、袖套和薄外套都是基本的配備，除了定期休息，千萬要記得多多補充水分。

七美的地形稍有起伏，但還不到多困難的程度，何況沿途還有許多可供遮風避雨的涼亭，這可是本島與望安都沒有的福利，要是在路上遇到成群山羊的時候，請記得讓牠們體驗單車騎士的友善與親切。望安知名的景點較少，但卻有更多可以探險的角落，如果你的行程還有空檔，相隔不遠的將軍嶼也可以順道繞行。

和煦的陽光與南風，輕輕吹拂在過往旅人的臉上；夜裡的角鴞和海浪，聲聲呼喚著達悟族人的靈魂。島嶼本身，就是到訪的理由。

CHAPTER 3 蘭嶼

被這座島嶼感染

富岡漁港下著傾盆大雨，港邊的旅客和船員們紛紛撐起雨傘、穿上雨衣。我的雙手忙著扛起裝有單車的車袋，身上被雨淋得亂七八糟的。

儘管如此，我依然對蘭嶼——我的下一座離島，抱著熱切的期待，興奮和急切的心情大大地遮蓋過身體被雨水淋溼的冷冽。

還記得四年前的夏天，我第一次在蘭嶼騎車，第一次如此深刻地感受島嶼，也第一次興起了環繞所有離島的念頭。而現在，我已經走在實現夢想的路途上，重新回到蘭嶼這座小島，對我而言意義非凡。

在橫越中央山脈的自強號列車上，我就知道接下來這幾天會是陰溼多雨的天氣，只是民宿老闆和快艇業者都再三跟我保證：「沒問題！蘭嶼這裡都出大太陽啦！」所以，當 A 先生和我閒聊起來的時候，我便隨口告訴他：「放心啦，船開出去就會是好天氣了！」

A 先生是來自香港的旅客，專程爲了單車環島的旅行來到臺灣，還挑了蘭嶼作爲額外的行程。沒想到，「單車環島」的熱潮，除了在國內發燙，還延燒到國外去了。我一向認爲這樣的旅行方式可以讓人更加認識臺灣這塊土地，所以看到來自國外的單車旅客，

自然和他閒聊了起來。除了讚賞他的熱情和勇氣，還順道爲這難堪的天氣安慰他幾句：「聽說出海之後的風浪比較小，大概兩、三個小時就會到蘭嶼了！」

結果，當我在船艙中被A先生痛苦嘔吐的聲音吵醒時，我們已經在海上航行四個半小時了。

臺灣和蘭嶼之間只隔著小小的海峽，屬於浩瀚太平洋微不足道的一小部分。但這片連個「某某海峽」的名字都沒有、每逢颱風大浪便要阻斷交通的海域，卻抵擋了過多觀光的人潮，育養著季節洄游的魚群，維繫了島嶼獨特的文化。

我默默地幻想著，可能因爲這樣，每一個不顧艱辛、跨越大海前往蘭嶼的遊客，都是打從心底想好好認識這座島嶼的旅人。念頭一轉，這不就是我牽著單車來到這裡的真正原因嗎？

抵達蘭嶼時，大雨依然下個不停，我也只好打消自己騎車的念頭，搭上民宿接送房客的便車。從環島公路望向中央山地，山頂的雨水匯集成流，從高聳垂直的岩壁上俯衝而下，懸掛成一道一道壯觀的瀑布。

鄰座的遊客爭相拍照，我則是看得目瞪口呆，民宿的司機大哥語帶自豪地說：「這個可是下大雨才能看到的喔！」

我不禁猜想司機大哥話裡的深意：如果我們只是想到這裡度過一個歡樂放縱的週末，那麼晴朗的天氣是很重要的沒錯；但如果是要來體驗一座島嶼（就像我暗自期許的一

樣），那麼天氣與大浪就不會是阻礙的理由，晴天、雨天，美好的地方總是要叫人留戀再三的啊！「島嶼本身，就是到訪的理由。」我對自己說。

我的民宿位在島嶼另一端的野銀部落，路程較遠，聚落也比較冷清，卻因此保留了更多原始的樣貌，蘭嶼最完整的傳統地下屋便坐落在這裡，鄰近村落的東清灣更是迎接曙光與欣賞拼板舟的最佳地點。

一起抵達民宿的，除了我，還有四個剛畢業的生物系大學生。簡單放好行李之後，他們提議要步行到兩公里外的東清村找間餐廳，我當然也主動加入他們的行列。

本來以爲這只是一趟浪漫的雨中散步，沒想到，這四個大學生完全發揮所長，帶著高亮度的手電筒，沿途在樹叢水溝中搜尋各種生物的蹤跡，還向我分析青蛙、蜥蜴或昆蟲的分類，我又驚又喜，也拿起單車的車燈開始「生物觀察」了起來。

在野銀通往東清的泥濘小路旁，真的讓我們發現了許多蘭嶼的特有物種，像是白殼蝸牛（應該是光澤蝸牛才對）、蘭嶼壁虎（雅美鱗趾虎），還有蟾蜍、螃蟹等，讓這場陰雨綿綿的夜晚顯得特別熱鬧有朝氣。短短兩公里的路程，我們硬是走了兩倍的時間才抵達，東清的餐廳早就關得差不多了！

路途中有好幾次，我們遇上被車子輾斃的小動物，這些年輕人不但不畏懼那些模樣可怖的屍體，反而徒手將牠們送到草堆中去安息。我想在那些片刻中，他們與這些生物之間一定產生了某些虔誠的敬意，進而延伸到這塊土地、這座島嶼，以及整片海洋之中……

隔天，我順口問了他們晚上的行程。「喔，我們可能會去龍門港找海蛇吧！」天啊，你們也太學以致用了吧！

從一覺醒來，到離開蘭嶼爲止，我再也沒遇過半滴雨水了。不禁懷疑昨晚的那場滂沱大雨，似乎真的只是堅定意志的一個考驗而已。

我踩上單車，沿著逆時針的方向踏行出發。

蘭嶼的環島公路大約長三十幾公里，沿途是海洋與高山緊密的交界，海岸林木遍布兩旁，巨石和洞穴點綴其間。每隔幾公里，就會遇上一個達悟族的部落，東清、朗島、椰油、漁人、紅頭……像是一個個身體與心靈的補給站，提醒我該慢下腳步、調整呼吸，重新將思緒好好整理一番。

在島嶼北方的海岸，經歷海水與強風的侵蝕，雕刻出了許多令人驚嘆的奇岩景觀。景點前方陳

列的小小告示牌，還標示了達悟族人對巨石的傳統稱呼。其中讓我印象最深刻的，莫過於西北岸的岩石ji-mitazizik，是「斜靠」的意思，描述夫妻吵架，小孩居中勸架的畫面。但經過漢人的聯想與詮釋，卻讓這塊巨岩成了「玉女岩」、甚至「處女岩」。感人的親情故事竟然被女子的私密部位取代，就算只是驅車經過，我還是很爲這塊岩石打抱不平，不知長居島上的原住民族，又是作何感想？

行至紅頭部落已是中午時分，我選了間

頗負盛名的餐廳用餐，店員都是年輕人。主動攀談下才知道，他們大多是從臺灣來到蘭嶼「打工渡假」的大學生，用一個月的工作換取吃、住，以及深入體驗蘭嶼的機會。

想到「打工渡假」，我聯想到的盡是澳洲、加拿大這些遠方大國，臺灣許多年輕人拿青春下注，買了機票遠赴農場、果園工作，無非是爲了換取一趟無價的體驗。只是沒想到，與臺灣本島一海之隔的蘭嶼也有這樣的機會，而且聽說招募的店家還不少呢！

這些店員們聽我聊起離島騎車的故事，紛紛露出讚嘆與羨慕的神情，其實我才應該嘉許他們的勇敢吧！也許是距離的關係，又或者是費用、時間的限制，讓他們選擇了這座離島——而非遠方的異國——做爲他們打工渡假的目的地。但想到這一群年輕人，犧牲七、八月的黃金假期，用生命的片刻換取一座島嶼的歷練，而我僅僅在島上待個三天兩夜，像個走馬看花的遊客……當下的我真的擔當不起他們熱情的稱許。

離開了餐廳，我又在另一家冰果店遇見打工渡假的年輕人，聽說有些人是年年來此報到的，遲了還搶不到位子呢！

午後豔陽探出頭來，我找了個陰影處小歇，凝視海洋、仰望天空，踩踩腳下的土地。

島歌～乘著風啊，隨飛鳥～到海的那一邊，
島歌～隨風飄吧，把我的愛～也帶走吧，
帶到你的窗前，來到你的夢裡，
來到你的身邊，然後消失不見。

湯旭的歌聲又在我的耳邊響起，讓我暫時忘卻了今天的任務。這座島嶼有獨特的文化、美好的風景，吸引了無數旅人造訪。來到這裡的人們，是否都被這座海島的明媚風光與無拘樂天給感染了，變得更加貼近海洋、更加熱愛土地？

如果真是如此，我深深爲蘭嶼感到慶幸。妳愛的人召喚來更多愛妳的人，生生不息。

好像有誰跟我說過，蘭嶼的馬路上布滿了鐵屑，公路車的細輪在這裡很容易爆胎。中午小歇之後，我就發現車子的前輪呈現瀕死的狀態。

「……不會吧！」我突然興起一陣不好的預感。

果然，在四處打探之後，竟然完全找不到一個修理腳踏車的地方，不，根據當地人的說法，蘭嶼根本沒有人在修腳踏車！我在心底暗自咒罵自己，早該好好學會換胎，以我現在的功力來修車，這臺車應該會傷得更嚴重吧！

無可奈何之下，我一邊充氣一邊前進，勉強撐完剩餘的環島路程。回到民宿之後，帶著鬱悶的心情參加了一趟浮潛活動，但即使海底美景在前，我的心裡還是不時操心著腳踏車，並耿耿於懷往後的行程。

「喔！你運氣好，我堂弟是這座島上唯一會修腳踏車的人！」午後，在野銀附近泡完冷泉，浮潛的教練對我說。

開玩笑的吧？我心想，皺起懷疑的表情。

「啊！他就在那裡啊！」浮潛教練隨便指向一旁的涼亭。我轉頭一看，涼亭邊有位體格健壯的大哥，神情有些嚴肅。他就是島上唯一會修腳踏車的男人？

說明來意後，他二話不說就帶我到工作室，拿起工具開始修補了起來。

我在這位大哥的工作室待了快一個鐘頭，看得出他其實也還滿生疏的，可能島上真的很少需要修腳踏車吧！一直到晚餐時間都過了，他才修補好內胎，重新塞回前輪裡。

「等你明天騎一騎，沒問題再給我錢好了！」我還沒開口，他就這樣告訴我。我楞了一下，在蘭嶼這個小島上竟然還有不滿意不用錢這種服務？而且你也不留一下我的聯絡方式，這樣收得到錢嗎？

「啊錢……給我一百元就好了，」他

酷酷地說：「你們出外人要省著花，我知道。」

在夕陽餘暉中走出他的工作室，我莫名地激動了起來，一個爆胎的慘劇卻促成一段感恩的際遇，島嶼對我是何等眷顧啊！

隔天，從東清吃完早餐折返野銀的路上，我竟然又巧遇這位島上唯一會修車的男人。要不是我及時叫住他，我想他也早已忘記我了。

我付了一百塊錢給他，望了望那依然嚴肅的表情：

「大哥，你叫什麼名字啊？」

「喔……我叫 Kaso。」

「Kaso？在達悟族語裡面有代表什麼意思嗎？」

「喔……」他摳了摳下巴：「是『活潑』的意思！」

「……」

說也奇怪，在他自我介紹完之後，我就再也感覺不到

・「活潑」的 Kaso 大哥

一絲嚴肅的味道了。

雖然稍晚我的前輪又爆胎了，但是謝謝你，Kaso，讓我感受到達悟單純樸實的人情味。

蘭嶼島上除了濱海的環島公路，還有一條翻越山頭的「中部橫貫公路」，連結兩側的紅頭與野銀部落。

中橫公路陡峭難行，記得幾年前造訪時，我們的摩托車還差點騎不上去，半推半行才爬上最高處的氣象觀測站。

而且這一次造訪，我騎著單車。

「瘋子才會騎腳踏車上去……」我站在中橫公路口，心裡這樣想著。

炙熱的夏日、高聳的山頭、陡峻的公路、痠痛的大腿。我腦中浮現電影「變形金剛」裡男主角說的一句話：

「五十年後，當你回顧一生，難道不會後悔當初沒有上車嗎？」

是沒有那麼誇張啦！但是當時的我心一橫，腳一踩，硬是騎進了這條橫貫蘭嶼的山路。

大約只騎了……兩分鐘吧！

真的，一點都不誇張。一個多小時的山路，我應該有五十幾分鐘是用牽的！因爲這段公路的坡度實在超越了我的等級，讓我不得不跳下車來，乖乖牽行。

「自找罪受」vs.「勇於挑戰」，這兩個說詞交替陪伴我整趟山路。我嚴重質疑，是否有人曾經也做過一樣的事情？

乘著機車的遊客來來往往，有的疾風而去，有的大聲加油。斗大的汗水沿著臉頰匯聚在下巴，滴落在蜿蜒而上的柏油道路。我大口呼吸、小步牽行，一腳一腳的走向山頭上的氣象臺。

其實，我對「下來牽車」這個動作是很介意的。從幾年前環島的時候開始，我就不喜歡這種「輸了」、「挑戰失敗」的感覺。所以，在北宜、蘇花這些陡峭的路段上，即使體力耗盡，我也不願意服輸下車。

事隔多年，這一次，在一路牽車上山的路程中，我卻慢慢意識到「牽行」對我、與這座島嶼的意義，似乎在這樣的過程中，島嶼在我心底形塑而成的尊敬才更加地深刻。

我告訴自己，這只是忠實地反映自己和這座島嶼的關係，那就是：「我爬不上去了啦！」

或是再加上一句：「你真厲害。」

不久之後，我終於走上中橫頂端的氣象臺，從制高點俯瞰腳下這座偉大而優雅的島嶼。深藍與翠綠的顏色鋪畫在綿延無盡的海岸兩側，聚落點綴其間，達悟人的身影與歷史完全融入這座海島之中，無聲無息，卻壯麗懾人，我不禁又想對這座島嶼說一聲：「……」

算了，此時還是無聲勝有聲吧！

珠光鳳蝶

蘭嶼角鴞

聽說達悟族人對死亡是充滿恐懼與禁忌的，由於海岸叢林一帶是蘭嶼人的墓地所在，常在那裡出沒的珠光鳳蝶和蘭嶼角鴞，自然被視爲惡靈的使者；而在夜間開花的穗花棋盤腳，再怎麼美豔動人，也被當地人稱爲「惡魔之花」。

晚間與生物系的學生們前往碼頭尋訪海蛇，看見一批又一批夜訪角鴞的遊客騎著機車疾行而過。我心想，角鴞、鳳蝶和棋盤腳花，是達悟人信仰中的惡靈，卻是外來旅人嚮往的珍寶，在這裡儼然成爲一種美麗的矛盾，和諧區分著達悟子民與跨海而來的外人。

隔天早上，我在蘭嶼的環島路上慢行，幾株穗花棋盤腳還躲藏在林間綻放，我在那裡拍照取景，難以猜想它是哪一種惡魔的化身，更無法體會達悟族人對它的厭惡，但是我依然樂在其中，享受這種異族之間的矛盾。

• 惡魔之花（穗花棋盤腳）

只不過，來到環島公路的南段，我赫然遇見蘭嶼島上新的「惡靈」——核廢料貯存場。從十幾年前開始，這些核廢料就在島上落地生根、占地自居。聽說，達悟族人還舉辦過「驅逐惡靈」的運動，從蘭嶼到臺灣，從儲存廠到總統府。一直到現在，這個議題依然沸沸揚揚，不曾停息。

我站在龍門碼頭的岸邊（這是一座建來載運核廢料的港口），想像著和煦的陽光與南風，輕輕吹拂在過往旅人的臉上；夜裡的角鴞和海浪，聲聲呼喚著達悟族人的靈魂。或許，就爲了這種憤怒與不捨，更多的人支持這裡、同情這裡，最後選擇與島嶼站在同一道陣線。

妳痛恨的人也召喚來更多愛妳的人哪！我在心裡想，比起那些惡魔美麗的化身們，現在島上總算有個漢人與達悟共同嫌惡的對象了！

飛魚之神的賜禮

蘭嶼 地理補給站

蘭嶼的達悟族是臺灣原住民族中唯一分布在離島的族群，因島上資源有限，於是捕魚便成為他們主要生計。尤其是飛魚，除了是島上居民的食物，捕撈飛魚的「漁團組織」更是將部落居民緊緊相繫地聯結在一起。

傳說中，達悟族有關飛魚的傳統習俗與禁忌規定，都是飛魚之神託夢給部落長老而學會的，飛魚應該怎麼捕、怎麼煮、怎麼吃，都有嚴格的規定。不同種類的飛魚還有不同的烹煮方式，甚至要給不同的人吃。整個飛魚季期間的組織、運作與飲食方式，結合起來便是達悟族人信仰與文化的傳承。

蘭嶼環島路線
中橫公路
北
很讓人打抱不平的玉女岩
環島公路
小天池
軍艦岩
擺著拼板舟的東清海岸
開元港
跟著大學生觀察生物的雨中散步
一路牽車爬行的中橫公路
環島公路
氣象觀測站
野銀的民宿
Kaso 的修車工作室
漁人
紅頭
環島公路
大天池
遇見打工渡假的年輕人+爆胎地點
蘭嶼島上新的惡魔— 核廢儲存廠

交通建議

以地形來看，蘭嶼是個非常適合單車旅行的島嶼，依山傍海的環島公路長約三十五公里，距離適中、坡度也不算陡，即使是不曾單車旅行的新手，騎著簡單的小折，也能盡情地享受這座島嶼的溫暖。

搭乘火車或飛機抵達臺東市，再搭乘計程車前往富岡漁港（約一百五十元至兩百元，可在車站結伴同行，分攤車資），這段路程雖然不長，但是高高低低的崎嶇山路，想騎車過去的旅人請再考慮一下。另外，帶著單車搭船要加上一百元的運費（有裝袋五十元）。

如果想順道拜訪綠島，可以考慮「臺東↓蘭嶼↓綠島↓臺東」的三角行程（目前蘭嶼和綠島之間只有單向船班，沒有綠島↓蘭嶼的航線）。另一個方案是從墾丁的後壁湖出發，那裡也有前往蘭嶼的船班，航程甚至比富岡的更短。

達人引路

住在蘭嶼東側的野銀或東清是個不錯的選擇，許多迷人的景點都在島的這一側，何況東清部落美亞美早餐店的培根蛋捲又是不吃不可的美食。逆時針方向的話，你會靠著海岸走，遇見蘭嶼頗有名氣的奇岩怪石，並且剛好在中午時刻抵達漁人或紅頭村，享用一頓美味的午餐。

願意挑戰看看的話，可以從紅頭部落騎上陡峭無比的中橫公路，然後回到野銀（或是從野銀出發，到紅頭享用中餐後再折返），趕在下午時分參加一趟浮潛之旅，潛入海底讚嘆蘭嶼同樣迷人的珊瑚生態。

四天三夜行程建議

第一天：交通日，出發抵達臺東、前往蘭嶼，騎車到民宿。

第二天：騎車繞島一圈，千萬別騎得太快。晚上參加民宿的夜觀行程。

第三天：騎單車或租機車橫越中橫公路，騎上氣象臺遠眺，下午參加浮潛等活動。

第四天：參與民宿安排的知性、登山、冒險之旅，或單純地到處閒晃，下午離開蘭嶼。

小叮嚀

蘭嶼的道路上隱藏許多鐵屑，細輪的公路車較容易爆胎，登山車或厚胎的小折應該問題不大，但還是建議帶著備胎、學習簡單的換胎技巧，以防萬一。

蘭嶼有些地方也能租到腳踏車，可以省去攜車往來的困擾，試試蘭嶼航空站（免費）與蘭恩基金會（一天兩百五十元）。

如果想攜車上飛機前往蘭嶼的話，請注意，這裡的小型飛機每趟只能運送一輛腳踏車而已喔！

我想像著綠島的未來。「你想要什麼，就會把那裡變成你想要的樣子。」然而，重新去看見一座島嶼真正的樣子，不就是我來到這裡最大的初衷嗎？

綠島
CHAPTER 4
／最初的美好

雖然 Kaso 大哥修補過的前輪早在蘭嶼就再度爆胎了，但是當我蹲坐在碼頭，努力組裝、灌氣的時候，還是把氣一古腦地都怪在綠島身上。

「什麼啊，一個來關心的人都沒有……」

「到處都是摩托車，超臭的……」

想著想著，這座即將在接下來幾天陪伴著我的島嶼，好像一點都不令人感到興奮。

好吧！我承認自己對綠島是有些偏見，不，應該是說，我實在是太喜歡蘭嶼了，才剛從那座湛藍、碧綠、令人難忘的島嶼離開，踏上同樣晴朗炎熱、同樣躺臥大洋的綠島，我很難不拿這兩座島來比較一番。

若從第一印象來講，蘭嶼讓我聯想到飛魚、達悟與獨木舟，綠島卻只讓我想到觀光的人群，以及那件印著「幹，好熱」的T恤。

我試圖這樣解釋我對綠島的偏見。

可惜，兩座島嶼之間僅僅只有單向的船班，從蘭嶼開往綠島，如果想安排「先綠後蘭」的路線，就得從綠島回到臺東，再回頭轉搭臺東前往蘭嶼的船班。在時間和預算的考量之下，我還是向「先蘭後綠」的行程妥協了，然後讓自己任性的偏見左右這一天的心情。

抵達綠島時已經天黑了，我在沉沉夜色之中騎車到島嶼的北方，找到了兼營背包旅社的潛水中心。中心門口陳列著大大小小的氣瓶，二樓則擺了五、六張上下層木床，提供像是青年旅館那樣的單人睡鋪。

我喜歡這樣子的住宿環境，可以認識更多的旅人、聆聽更多的故事，但是當我走上二樓的時候，房裡空無一人，室友們似乎都到外頭潛水去了。我詢問老闆，發現要在綠島找到腳踏車店也是難上加難，幸好我在蘭嶼有偷偷向 Kaso 大哥學了幾招，還足以應付那已經二度爆胎的前輪。

住在這裡的旅客大多是到綠島來潛水的，傍晚時候，兩位夜潛的大哥回到旅社，我一邊修車一邊和他們聊了起來，他們對我執著偏好的單車旅行十分好奇，我則是對他們天天探索的海底世界感到嚮往。

坦白說，就算我對綠島有諸多偏見，卻也難忘初遊此地的回憶。六年前的暑假，在綠島西岸近海，水面上是忽大忽小的陰雨颱風天，海底下卻是光采亮麗的珊瑚生態圈，美得讓人忘記大排長龍的加油站，忘記呼嘯而過的摩托車，也忘記整路叫賣的吵雜街道。以至於事隔多年之後，我還能夠記得那片深邃蔚藍的海洋。

其中一位潛水大哥告訴我（他一邊說話一邊處理剛剛割破的傷口。爲了隔天能夠繼續下海，他塗了一種很像強力膠的藥膏，邊塗邊慘叫）：「來綠島怎麼可以不去潛水呢？」另一位大哥則說：「綠島的海底生態可是世界級的喔！」

我心想，每一座島嶼的生態、景觀與生活方式，都與海洋息息相關，能夠親近大海，一覽海底的風光，當然也是島嶼最具魅力之處。只是青輔會提供的經費有限，扣掉交通、住宿的費用之後，恐怕無法再負擔體驗潛水的龐大開支了吧！

「除非我自己付錢……」我心想，「但我是來騎車的，不是來潛水的！」

「體驗一座島嶼，有分什麼方式嗎？」

「當然，我的主題是單車離島，又不是悠遊離島！」

「況且我身上錢也不夠……」

「加上最近天氣不好，海況也不佳。」

「嗯！還是乖乖騎車就好……」我對自己說。

隔天早上，我牽車走出旅社，準備開始環島的行程，在門口抽菸的老闆隨口問了一句：

「怎麼樣，要試試看潛水嗎？」

「啊……」我聽見自己說：「好啊！明天早上可以嗎？」

離開旅舍之後，我決定往東側順時針方向出發，原因很簡單，我想避開繁榮喧鬧的西岸港區，至少先讓自己體驗綠島原始而寧靜的那一面。隔著一座高大連綿的山峰，塵囂與人聲應該都會消失在島嶼那頭，留給東岸一片迷人的風光才對。我想，機車大排長龍的熱鬧大街，相對應的應該就是山水一線之隔的海闊天空了吧！

結果，「轟轟轟……」還沒仔細聽見綠島的聲音，隆隆作響的摩托車隊和遊覽車輛，成群結隊地從我身邊呼嘯而過。要知道，轉進綠島東側的環島公路之後，面臨的就是島上最險峻的上坡，身疲力盡的我正需要大口的呼吸，迎面而來的卻是漫天噴灑的煙霧，無奈的我只能將車停在路旁，小聲地咒罵起來。

「太臭了吧！」

「你們玩得這麼開心，把污染留給這裡，這樣對嗎？」

「如果大家都是騎腳踏車就好了……」

「綠島遊客中心應該要多鼓勵大家騎車吧。」

「乾脆禁止全島騎機車好了……」

「那當地人怎麼辦？」

「會不會就沒人要來了啊？」

當我意識到自己越來越偏激的時候，我已經爬上東岸最高的山坡了。

好幾百萬年前，菲律賓海板塊向西北擠壓，在太平洋海中噴發出一座座海底火山，熔

岩堆疊，露出海面，形成臺灣東側最大的火山島——蘭嶼和綠島。有人說，在綠島東側濱海的顛簸山稜之上，可以望見百萬年前噴發熔岩的大火山口。而知名的「小長城」，便是建築在蜿蜒岬角上的石階步道，走進步道盡頭的觀海涼亭，可以三面環視綠島雄偉壯麗的東部海岸。

但是，第一個映入我眼簾的，不是蜿蜒崎嶇的步道，也不是獨踞山頭的涼亭，而是路邊整排的摩托車和結隊拍照的人群。整個小長城步道人聲鼎沸、水洩不通，導遊手持錦旗，用擴音器大聲宣布集合時間，幾位懶得走路的遊客在路旁納涼抽菸，同時抱怨綠島中午的太陽。

我拿出我的相機，想要搜尋一些無人的畫面，但很快就放棄了。環顧四周，吵雜的人潮與連貫的車隊、路旁的垃圾加上無止境的黑煙，沒有任何東西可以拿來形容一座美好的島嶼。環島的路線才走了不到四分之一，我忽然不知道該用怎樣的心情繼續騎下去了……

路的一旁，兩臺摩托車正好停在我身邊，讓我竊聽到車上幾位年輕人的對話：

「再這樣騎下去會遲到啦，十點浮潛耶！」

「那怎麼辦，回頭嗎？」

「不然這樣啦，我們還是環島一圈，但是要騎快一點，這樣才來得及回去！」

「那就先說好，之後的景點都不能停下來喔。」

「好啦，這樣才騎得完！」

「……」

望著他們離去的身影，又望向小長城步道上魚貫喧譁的人潮，「這裡到底是怎麼一回事呢？」我心裡想。這樣的畫面是人們跨海到來，想要在島上看到的嗎？

我不發一語的將相機收回行囊，然後繼續往前騎行，一直到繞完整座島嶼，我都沒有再把相機拿出來過一次。

中午，旅舍二樓的房客們相約用餐，話題短暫地停留在我單車離島的計畫上。雖然不是很喜歡早上的那段環島旅行，但我還是努力地展現自己的熱情和期許：「單車離島，是可以好好體驗島嶼，又不會造成任何傷害的旅行方式……」我自顧自地說。

一位同住在二樓的大姐和我閒聊幾句，分享她這幾天在綠島的心得，然後突然問了我一個問題：「你已經騎過蘭嶼了嘛，那裡還是跟以前一樣嗎？」
「妳說跟以前一樣是什麼意思？」我問。
「就是豬啊雞啊都直接養在馬路上，大便也都直接拉在地上這樣啊。」她說。
「嗯……」聽得出這句話對蘭嶼有些貶意。我想了一想：「是沒有那麼誇張，不過……也差不多啦！」
「看吧！」大姐轉頭跟同伴說：「在蘭嶼還沒進步以前，還是不要去好了！」
「……」
當下我本來想反駁些什麼的，但是又無話可說，就這樣楞楞地沉默片刻。妳口中的「進步」是爲了誰而存在的？是島上的達悟族人、是山中的角鴞鳳蝶，還是像妳這種來自先進社會的觀光客呢？
「你想要什麼，就會到哪裡去，或是把那裡變成你想要的樣子。」我在腦中大聲的抗議。但最後，我只輕聲地回答她：「那也許妳們就別去蘭嶼了。」
「因爲……」這句話說得更小聲：「如果蘭嶼進步到像綠島這個樣子，我想我也不會再去了。」

回到旅社二樓，原本有一股馬上收拾行李離開綠島的衝動，只不過，我已經預約了隔天體驗潛水的行程，加上相機裡頭空空如也，要是就這樣離開綠島，實在有點良心不安。我沖了個冷水澡，躺在床上思索接下來的行程。

綠島，曾經是世界上監獄密度最高的島嶼，在白色恐怖時期，這裡是人們口中那座「禁忌之島」。有人說，島上的觀光熱潮其實是當初大量登島探親的家屬帶起來的。物換星移之後，遊客取代了罪犯，喧囂淹蓋了靜默，綠島開始成爲臺灣最受歡迎的離島，人們到這裡享受溫泉、體驗浮潛、品嘗羊肉爐，而那件大爆粗口的白色T恤，在臺灣更是隨處可見，成爲綠島可悲的發語詞。

近幾年來，島上的遊客大量成長，伴隨而來的，是路上被輾過的青蛙屍體、海底被遺棄的塑膠垃圾，還有停滿南寮港邊的出租摩托車。熱鬧的街道像極了迷你版的墾丁大街，愛上這裡和厭惡這裡的聲音同時在增加。慢慢地，有些人開始搭上前往蘭嶼的船班，他

們說那裡更加安靜、更加迷人、更加適合渴望流浪的旅人。

距離我第一次踏上綠島已經有好幾年了，至今依然深印在我腦海中的，竟是當年加油站前機車大排長龍的景象。我想我對綠島的偏見，在那時就已經悄然成形了吧！

我想像著綠島的未來。這裡將會迎來更多繁榮和喧譁，送走那些僅存的單純與美好，喜歡的遊客會繼續前來，厭惡現況的旅人將慢慢離開。十年、二十年、三十年，直到珊瑚開始減少、動物開始減少，甚至連遊客也開始減少爲止……

想到這裡，我輕輕地閉上雙眼，多麼希望自己是錯的。

半夢半醒之間，我看見自己化身爲一座島嶼，綠鬱青蔥、隔海獨立。許多人乘船而來，裡頭有愛我的人，不遠千里，抱著我傾聽我的聲音；也有另一種人，開山闢路，毀去我熟悉而自豪的荒野。我沒有辦法說話，所以也不會抱怨；我沒有辦法表達，當然就無從選擇，但這裡的山還是那一座山，這裡的海也是同一片海啊，如果人們來到島上不是爲了我最原本的樣貌，那麼又是爲了什麼？如果愛我的人都將離去，又有誰來看見我的單純與美好？

「你想要什麼，就會把那裡變成你想要的樣子。」這句話，應該是對我自己說的吧！

隔天早上，我把體驗潛水的時間延後，再次出發環行綠島。同一座島嶼、同一條路線，我卻期待能發現不一樣的風景，感受不一樣的心境。此時此刻，我只想要更公平地對待這座島嶼，並且熱血地挑戰東岸的上坡，忘情地在朝日溫泉睡著。

重新去看見一座島嶼真正的樣子，不就是我來到這裡最大的初衷嗎？

今天是禮拜一，但是綠島的車輛與人潮並沒有減少，我沿著環島公路接上東岸的斜坡時，大巴士和摩托車依然從我身旁駛過，留下惱人的煙霧和噪音。我試著把注意力轉移開來，唱歌、發呆，或乾脆停下車來休息。

更好的方法是，去猜測那些跳脫於人潮與車陣之外、隱藏在這座島嶼之中的故事；去想像地底下那猛烈碰撞的板塊運動，以及那曾經噴發的滾熱岩漿。時至今日，大地的脾氣雖已不再火爆如昔，但我仍然可以用痠痛的大腿與滿

身的汗珠，來親身體驗島嶼曾有的倔強。

一路騎行（偶爾牽行）到山路的頂端，小長城步道依然人滿爲患，我抓準觀光團前後輪替的時間，闖進步道盡頭的涼亭。居高臨下，向南望去，可以看見島上最寬闊的山景、最壯麗的斷崖，以及貌似睡美人與哈巴狗的海蝕巨岩。聽說，眼前那段圓弧形的臨海山壁，就是形塑綠島的巨大火山遺跡，想著想著，對這座島嶼又是一陣莫名的敬畏。

當下，即使身邊已經塞滿了喧譁的遊客，我還是捨不得離開這座涼亭。

回程途中，我把單車停靠在一段微微傾斜的臨海公路旁，想留下幾張島嶼和單車的合影。這裡沒有什麼主要景點，也少有來往觀光的車陣與人潮，我可以蹲在路旁盡情取景、恣意拍照。防護欄外的海水一波波打上陡直的崖壁，傳來令人心曠神怡的聲響，那個片刻的光線、浪聲、溫度與味道，好像都被我收錄進相機裡，可以在日後反覆地回顧。

「你想要什麼，就會把那裡變成你想要的樣子。」

我想要的只是，從喧鬧的港區抽身離開，找到一個美好的角落，並且記得那是島嶼最真實的風貌。

綠島　地理補給站

海底溫泉 & 菲律賓海板塊

雖然遠在觀光碼頭和主要街道的另一端，朝日溫泉依然是綠島遊客們不能錯過的重要景點，地底下源源不絕冒出的泉水，不但讓這裡成為世界三大海底溫泉之一，也見證了綠島過去火山活動的歷史。

其實，綠島和蘭嶼都位在菲律賓海板塊上，是因板塊運動所形成的火山島，並且持續以每年 8 公分左右的速度向臺灣靠近，預計在 50 萬年之後就會撞上臺東，成為臺灣的一部分。到時候我們就可以用走的到綠島觀光，不必承受暈船之苦了！

• 朝日溫泉

北
綠島環島路線
公館村的
背包旅店
綠島燈塔
環島公路
熱鬧的綠島大街
大排長龍的加油站
南寮港
非常有挑戰性
的東岸陡坡
柚子湖
視野開闊動人
的小長城
睡美人與哈巴狗
環島公路
環島公路
浪聲相伴
的臨海公路
洗去一身疲憊
的朝日溫泉

交通建議

前往綠島的航班只在臺東富岡漁港開船，如果想把蘭嶼的行程加進來，現在只有「富岡↓蘭嶼↓綠島」的順序可以選擇。在這裡，有裝袋的腳踏車要收五十元運費，直接上船的車子則要付費一百元。

若要搭乘飛機，允許攜帶單車的可能性不高，幸好綠島航空站與東管處就有免費的單車出租，只是數量有限。

達人引路

綠島的環島公路只有不到二十公里的距離，比蘭嶼還要嬌小，但是地勢的起伏可是一點也不輸人。向東面向太平洋的海岸公路是綠島最爲陡峭的路段，風景當然也更加迷人。

島嶼西部的南寮村和北部的公館村是旅宿較多的地方，如果想要遠離塵囂、又不失去便利性，公館村會是個不錯的選擇。雖然逆時針方向可以沿著大海繞行，但我會更喜歡反過來環繞綠島，從公館村順向出發的話，會先經歷一段考驗旅人的上坡，或許還得下車牽行一小段路，到了柚子湖附近開始轉爲順暢的長下坡。記得別俯衝得太快，那會讓你錯過島上一些最重要的美景。

抵達東南角溫泉村之後的地勢大致平坦，你可以在朝日溫泉輕鬆地擺脫一身疲憊，如果穿著腳踏車褲，就連泳褲都不用帶了。體力有餘的話，請一定要走上售票處後方的階梯，大片的草原一直延伸到綠島的東南盡頭，並且可以向北瞭望一早騎乘的山路，驚訝自己竟是來自如此壯闊的山林之間。

•綠島燈塔

如果走得快一點，應該可以在中午時分抵達南寮港口，順便享用熱鬧的午餐，當然，要是你過度著迷於恬靜悠閒的東岸島嶼風情，或許抵達南寮時已經該吃晚餐了。

三天兩夜行程建議

第一天：前往綠島，除非你完全沒有暈船的症狀，否則可以選擇先在港區、燈塔或人權紀念公園閒晃半天。

第二天：順時針方向繞島一圈，在經歷東海岸的高低起伏之後，抵達朝日溫泉好好放鬆一番。東南海岸是觀光客較少的地帶，記得在晚餐之前回到熱鬧的港區。

第三天：朝日溫泉的日出是很有名沒錯，但是因為你騎的是單車，請再三考慮吧！建議參加浮潛或各種套裝行程，或是單純地到處閒晃之後，搭乘傍晚的船班返回臺東。

小叮嚀

港口附近的人潮較多，住宿與飲食的消費也比較昂貴，北面的公館村有一些遠離塵囂的旅店和餐廳，離開這裡之後，再往東去，可就要有餓肚子的心理準備了。

雖然環繞綠島根本不需要超過一天的時間，但是千萬別急著離開這座看似沾滿塵囂的觀光小島，挑個風平浪靜的下午來趟近海浮潛吧！海底的風光比起陸上更加令人讚嘆。

踏上島嶼的那一瞬間，站在港灣邊緣，眼前是即將造訪的異地，背後是遼闊萬分的海洋，這樣的自己更像是遠道而來的旅人了。

CHAPTER 5

馬祖——東引、西引

／國之北疆的險升坡

「嘟～～」臺馬輪鳴起抵達港岸的汽笛，其實，早在汽笛響起之前，我就已經被臥鋪艙裡嚴寒的冷氣給凍醒了。拿出相機，想拍下輪船進港的畫面，但冷冽的溫度讓鏡頭結上一層薄薄的霧氣，什麼也拍不起來，只好空著手走出船艙。

推開厚重的大門，映入眼簾的是一望無際灰藍色的海洋，海平面彼端，日出的晨光淺淺地映照在海面上，我知道這片海洋是東海，在靠近中國的那一端。

不遠方，「中柱港」三個醒目的大紅字，矗立在馬祖東引島的碼頭上。看了看手錶，現在是早上五點三十分，從昨晚搭船離開基隆港開始，我已在海上航行八個多小時了。雖然臺灣與馬祖之間，每天都有快速直達的班機，但我還是選擇搭乘跨夜航行的客輪，一方面是考量單車攜帶的便利性，一方面是顧慮來回機票的價格。

但其實在我心裡，有另一個單純而任性的小聲音：「我想從海上來到這座島嶼。」離開臺灣，踏上遙遠的國土，搭乘飛機與慢船是很不一樣的感受。在我的錯覺裡頭，交通往返的時程越長，對島嶼的想望就越深，我能有更多的時間勾勒那塊土地的樣貌，想像未來幾天的旅行。尤其在踏上島嶼的那一瞬間，站在港灣的邊緣，你的眼前是即將造訪的異地，背後是遼闊萬分的海洋，不知怎麼的，我總覺得這樣的自己更像是遠道而來的旅人，這時候，如果再加上一些輕微的暈船，那就更是身歷其境了。

臺馬輪的甲板上，另一個車衣車褲全副武裝的人走了過來，我突然意會起這趟跨洋過海而來的旅行，並不是自己一個人。

「喔，你起來囉！」我說。

「我早就起來了！」這個人是我老哥，不怕死的跟我一起搭上前往馬祖的客輪。

記得青輔會剛通過我的「單車離島」計畫時，老哥就說他想跟我一起騎幾座小島。因爲他從來沒有單車旅行的經驗，我還挑了比較平緩的小琉球或蘭嶼、綠島給他選擇，想不到過了幾天，他告訴我：「八月我比較有空，那就跟你去騎馬祖好了！」害我差點沒嚇出一身冷汗。

畢竟，馬祖是臺灣的離島之中，地形最崎嶇，起伏最明顯的一個，連我自己都嚇得皮皮挫了，更何況騎車經驗堪稱「菜鳥級」的老哥呢？

事前在網路上蒐集資料、安排路線時，我就看過許多有關馬祖地勢的誇張描述，像是：「不要說腳踏車，連摩托車都騎不上去」、「在馬祖騎單車，就算是用牽的，當地人也會把你當英雄」，還有：「會到馬祖騎單車的人只有兩種，一種是勇腳，一種是瘋子。」

「……」我想我們應該是屬於瘋子那一種吧！

果然，大船還未靠岸，老哥就遠遠望見東引港邊的第

一條聯外道路：「天啊！那條路也太陡了吧！」

「你們騎出去一下子之後，一定會回來找我們租機車的啦！」民宿的老闆娘如是說。

其實，我在臺灣打電話訂房時，這個老闆娘好像就對我說過類似的話了。她說：「前陣子有兩個人來東引騎腳踏車，結果才騎出去不久，就回來跟我租機車了！」接著還語焉不詳的「嘻嘻」了兩聲。

雖然我和老哥早有來馬祖「牽車」的心理準備，但聽到這番話，心裡多少還是覺得有點不甘示弱，想證明我們兩個也不是什麼省油的燈。

結果，才從港口拐了個彎，正要騎進民宿所在的聚落時，就看見一道令人傻眼的陡坡，從原本平緩的路面突然拔起，這至少有幾十度的傾斜了吧！說實話，過去還真的從來沒有在聚落裡頭騎過這麼陡峭的道路，我回頭看了老哥一眼，用眼神和表情告訴他：「我也不知道這麼恐怖啊……」

我們踩著沉重的腳步，一路牽著車走到民宿門口。老闆娘迎出門來，一邊拿鑰匙給我，一邊笑著說：「這麼快就陣亡啦？」儘管我和老哥都是好勝之徒，但此刻聽了這句話，還是只能面面相覷，一句話也說不出來。

印象中，除了在遊客中心前有一小段平坦的道路，東引好像沒有「平地」這種東西，不是超級陡峭的上坡，就是無敵傾斜的下坡，以至於每一個交岔路口的選擇，都要謹慎再謹慎。因爲，要是不小心下了一個錯誤的坡道，就得花上雙倍的時間爬行上來，而且根據我們的經驗，越是舒暢快活的下坡道路，往往就越容易是嚴重卡關的錯誤路線，屢試不爽。

離開遊客中心之後，有一條通往濱海風洞「燕秀潮音」的小路，在地圖上若有似無，卻能讓我們省下幾百公尺的路程，於是我們決定前往一探究竟。

「……」那真的是我看過最匪夷所思的下坡了！

由於傾斜的角度太過誇張，從遠處根本看不出來那裡有一條道路，若不是有個「最高限速二十五公里」的警示路牌，我們還以為那是一道臨海懸崖呢！

我和老哥停下單車，站在這條「捷徑」的路口，往下俯視。

「你確定嗎？」老哥問。這是在馬祖這幾天他最常問我的一句話。

我搖搖頭：「不確定。」然後牽著單車走下這個詭異的斜坡。

直到坡度稍微和緩，我和老哥才跨上單車騎行，兩旁都是茂盛的樹林，遮擋了酷熱的太陽，我正想擺脫腦中可能走錯路的焦慮，好好享受此刻迎風滑行的快感時，眼角卻突然瞄到路旁的一塊巨大的花崗岩石，上頭刻著斗大鮮紅的兩個字：「海龍」。

我興奮地轉頭向老哥大喊：「這裡有海龍的軍營耶！」

「啊……」

突然間，我意識到，這條路的確是條隱藏的捷徑，但是地圖上當然不會標示出來——海龍部隊的訓練基地就占據在我們和「燕秀潮音」的中間。老哥走到我的身旁，遠遠看著持槍站哨的阿兵哥守在營區門口，兩旁是水泥與鐵絲網圍繞起來的層層高牆。

「要問他能不能讓我們過去嗎？」我沒有把這句話說出口，畢竟這似乎不是開玩笑的時候，老哥正板起臉孔看著我，然後又回頭望向剛剛滑行下來的坡道。我們心中想的一定是同樣一件事，因爲易地而處，刺激的下坡變成了可怕的上坡，無情地斜立在眼前唯一一條道路上。

「走吧！」他說。我吐了吐舌頭，加入牽行而上的行列，沿途還不時回頭觀察，看看營區有沒有換一位看起來比較和藹可親的哨兵？

雖然同樣是位在中國沿海的大陸島嶼，馬祖的地貌卻與金門大不相同，除了地勢起伏較大，海岸的樣貌也更爲奇特、壯觀，幾乎每一個海陸交界的角落，都可以找到令人嘆爲觀止的濱海風貌。

坐落於東引南端的「燕秀潮音」，是以崖谷的裂縫與起落的潮汐共同拼湊而成的，浪潮撞擊在岩壁所發出的聲響，徘徊旋盪於山谷之間，在島嶼的南岸激起清澈悅耳的歌曲。聽說，走向燕秀潮音的頂端，還可以三百六十度環視整座島嶼，十分壯觀，而這也是我和老哥遠遠地停下單車，繞過田埂小徑與泥濘道路所期盼看到的。

雖然那些鄉間小路並不好走，但是能夠擺

脫馬祖高低不平的斜坡，讓隱隱作痛的胯下稍作休息，我和老哥都不介意把車子停放在無人看管的碉堡旁，連走帶跳地朝海岸岬角的高處走去。沿途之中，農村的迷你菜園與營區的彈藥倉庫並列，形成一幅幅矛盾衝突又萬分和諧的畫面。

大約走了十多分鐘吧？階梯道路隱約通往不遠處的開闊平臺，我興奮地加快腳步，往高處走去。

「等一下！」老哥突然大喊。

階梯頂端，冷不防地竄出一條兇狠的大狗，張牙舞爪的向我們大聲嘶吼，就站在我們目的地的平臺之上。

我愣了一下，瞬間進入警戒狀態。要是換作平常，我可能會上前去挑弄那隻大狗，試試牠的脾氣，但是這隻狗看似來者不善，我知道此刻要是被牠咬了一口，破傷風或細菌感染都是小問題，重點是這趟單車環馬祖的旅行，可能在第一座島嶼就得宣告終結了！

我壓低身子，眼睛盯著惡犬的一舉一動（牠在原地不斷蹦蹦跳跳，一副隨時可能向我們猛衝而來的樣子），同時用眼角餘光搜尋地上任何可用的岩石或木頭，提防惡犬突如其來的攻擊。

「不要亂來喔……」老哥提醒我，用認真但帶著緊張的語氣。我面向那條體型碩大的獒犬，屈身沿著原路後退，牠依然繼續對著我們猛吠，看起來似乎沒有要追上來的意思。

「汪汪汪汪汪汪！」

我和老哥猛然回頭，另一陣嚇人的嘶吼聲又從我們來程的路上響起。這下可好，一定是大狗的聲音引來了另一隻兇猛的惡犬，形成前後夾擊的形勢，把我和老哥包圍在其中。

「靠夭，不會吧！」老哥低聲咒罵著。我們從地上撿起兩枝樹枝，幻想著當底下的惡犬朝我們撲上來的時候，該用怎樣的招式還擊，並且在一步一步原路折返的同時，不時回頭盯著上頭的大狗，深怕牠做出什麼瘋狂的舉動。

不久之後，我們回到低處的菜園，沒有看見另一隻惡犬的蹤影，只有兩位阿兵哥站在那裡。其中一位眉頭深鎖，滿臉憂愁，仔細一看，他左腳的褲管是捲起來的，小腿上赫然留著一對紅腫的咬痕！

「你們的狗怎麼會突然跑出來啊？」被咬的阿兵哥低聲抱怨。

「誰知道啊，你還好吧？我帶你進去擦藥。」另一位阿兵哥穿著紅色短褲，想必是海龍部隊的士兵，原來剛剛在下頭狂吠的惡犬竟是海龍飼養的軍犬，難怪吼聲如此凶狠。

我和老哥聽了這段對話，彼此對看一眼，故作鎮定地從他們身旁走過。可以猜想到的是，鎮守海龍部

隊的軍犬被高處的狗叫聲給吸引了出來，正巧遇上了要到這裡領取彈藥的阿兵哥，於是衝上前去……

「汪汪汪汪汪汪！」

換個角度一想，要是那位悲情的阿兵哥沒有「及時」出現，成爲海龍軍犬開咬的對象，我和老哥可能真躲不過與瘋狗一決勝負的命運了！一想到這裡，我們不禁打了個冷戰，看來馬祖除了陡峭的上下斜坡，還有許多意想不到的挑戰在等著我們啊！

陸續經歷了幾個曲折的上下險坡，我和老哥也總算來到了島嶼的東側，根據車上的記錄馬表，我們在東引騎車的平均時速只有每小時八公里不到，可以想像馬祖的陡坡有多可怕了。

遠在臺灣國土的最北端，東引的標示路牌也十分特別，許多都是用當地特產的花崗岩雕刻彩繪而成的。而最受我們關注的「險升坡」和「險降坡」標示，只有上下角度些許的差異，每當我們看到前方矗立著類似的警示路牌時，都得努力張大眼睛看清楚標示的內容，接著，騎在前面的那個人就會大喊：「天啊，又是險升坡！」或是「耶！險降坡到了！」然後再咬著牙繼續騎下去。

一路上，不要說腳踏車了，連摩托車都沒有看到幾輛。許多來到這裡觀光的旅客，都會搭乘計程車往來東引的各個景點。我和老哥在揮汗挑戰大斜坡時，還觀察到東引島上的計程車原來就是那幾臺，載來一批遊客之後，就得回頭去運載另外一批，往來折返，我們都快把車號給背起來了！

離開安東坑道不久，我和老哥在一處平地小歇，那臺已經看過好幾次的「四四二」計程車停靠在我們身旁，從車裡走下了一對老夫妻，拉拉筋，眺望遠方的山景。老先生回頭發現了我們，我猜我和老哥身上的車衣和座下的單車一定引起了他很大的興趣，於是他靠了過來，和我們閒聊幾句。

「唷，不錯喔，騎腳踏車。」老先生說。

「對啊，超累的。」老哥笑著回答。

「這樣才對嘛，坐計程車怎麼能感受到這裡的地形啊、起伏啊那些的？」老先生自嘲地說，老哥轉頭看了我一眼，露出了害羞卻又帶點自豪的笑容。

「好，下一次！」老先生接著說：「我也要來馬祖騎腳踏車！」

我和老哥睜大了雙眼，不可置信地看著這位發下豪語的老先生，只見他大笑幾聲，和老伴坐上計程車後，幾秒之間就消失在我們的眼前了。

越到正午，頂上的太陽越是酷熱，我和老哥繼續在島上往東騎行，明明就行駛在東引主要的交通要道上，但是高低落差的程度卻絲毫沒有減緩的趨勢。我們在騎行和牽行之間交替切換，不知不覺地，也離目的地越來越靠近了。

東引島上有個很適合當作旅行終站的景點，坐落在島嶼的極東、道路的盡頭，那就是被當地人稱爲「東引別墅」的東引燈塔，也是臺灣國土最北端的一座古蹟。要前往燈塔，只有一條形勢陡峭、傾斜崎嶇的道路，恰如其分的命名爲「燈塔路」。

短短一、兩公里的燈塔路，卻讓我們騎上一個多小時的車程，一路上車下車、走走停停，一直到了中午時分，公路導引我們走到一段無法繼續騎行的階梯。我蹲坐在一旁的白色矮牆，任由斗大的汗珠滴落在石階地面上，一面用力呼吸、大口喘氣，一面努力壓抑心中偶爾冒出那些「爲什麼你要這樣折磨自己」的小聲音。

又經過好幾分鐘的步行，一座黑色圓頂、純白塔身，有著地中海風格的建築聳立在臨海陡峭的山壁上，走在前頭的老哥大聲向我呼喊：「我們終於到了！」

當造型典雅的白色燈塔完整展現在我眼前時，我突然忘記我們其實才走到馬祖列嶼的第一站，還以爲自己已經實現了什麼多年渴求的夢想一樣。即使炎熱的烈日赤裸裸的曝晒在身上，我還是忘情的閉上雙眼，抬起頭來，試圖要好好地感受此刻這種完成挑戰的激動之情……

這時候，老哥忽然冒出一句話：「你要注意一下時間，我們還有西引要騎喔！」

「……」我皺起眉頭：「西引？」

西引島，在東引島的西邊，以港口旁的中柱堤相互連接。雖然西引的路程比東引短了一些，但忘記聽誰說過，西引的地勢落差才是馬祖最恐怖的！

「哈哈哈……」我回頭望向老哥，用無奈的笑聲來回答他的問題。

下午，我們騎過中柱堤長長的堤道，越過刻著「人定勝天、事在人爲」的石壁，上下折返萬分陡斜的東澳海岸，最後踏上西引盡頭的軍事堡壘——三山據點。當我們終於要踏上回程的時候，夕陽已經垂躺進海洋盡頭的彼端，昏紅色的彩霞開始渲染整片天空，我和老哥踩著依然高低不平的回程道路，腦中突然想到老闆娘早上在民宿門口對我們說的那句話：「你們騎出去一下子之後，一定會回來找我們租機車的啦！」

不知道爲什麼，當下我忽然滿感謝老闆娘說過這句話的。

國之北疆

東引、西引 地理補給站

東引鄉西引島后澳村的北方，有個刻著「國之北疆」的石碑，那是一般人能夠拜訪的國土最北端了。但中華民國憲法中實際宣稱最北方的領土，其實是再往上 600 公尺的「北固礁」，只要天氣不要太差，站在石碑旁向北瞭望，應該都可以看到這塊真正的「國之北疆」。

臺灣身為國土狹小的島國，當然要特別重視這些小島以及周遭海域的經濟資源，不過「礁石」和「島嶼」畢竟還是不一樣的概念。根據聯合國海洋法公約規定，無人居住或無法維持人類經濟活動的礁石，是不能計算兩百海里經濟海域的！

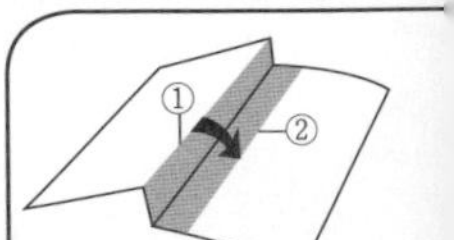

將左右頁中間灰色
部分相互對摺重疊
即可成為完整地圖

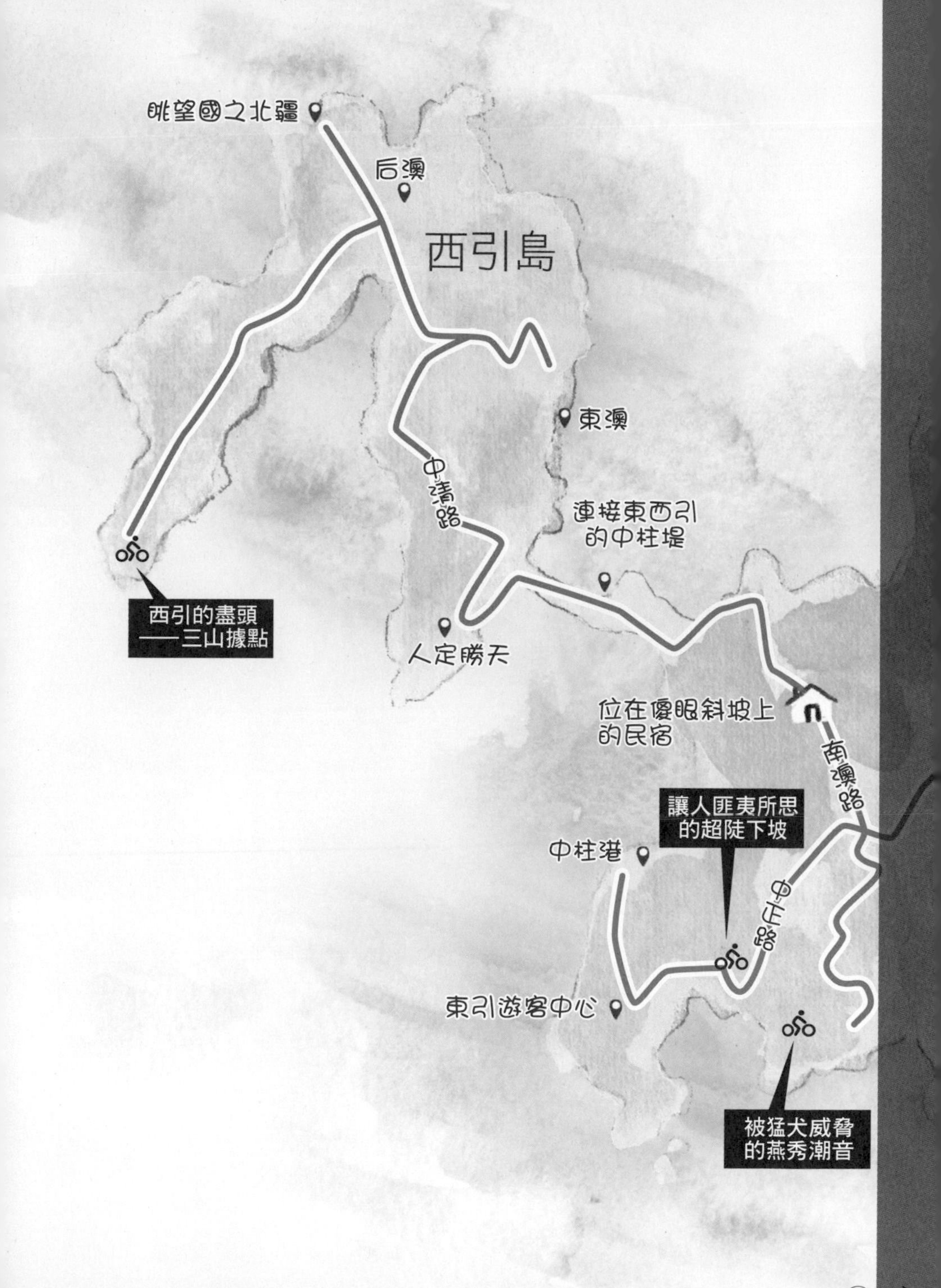

眺望國之北疆
后澳
西引島
東澳
中清路
連接東西引
的中柱堤
西引的盡頭
——三山據點
人定勝天
位在優眠斜坡上
的民宿
南澳路
讓人匪夷所思
的超陡下坡
中柱港
中正路
東引遊客中心
被猛犬威脅
的燕秀潮音

①

一方面是那種得來不易的信念，讓旅人在此願意費時久留；另一方面，我們也不太願意面對回程的那段上坡。這些過程中的限制與無奈，或許也可以說是單車旅行帶給我們的最大貢獻吧！

馬祖—南竿

／神話之島與單車之神

快艇逐漸遠離南竿，開往北方的海域，我和老哥把頭探出欄杆，任由海風吹亂我們的頭髮，同時享受一段不必騎車的美好時光。

這趟悠閒的旅程，是每年過境的候鳥帶給我們的機會。馬祖坐落在亞洲弧形海岸的中段位置，加上海中豐富的魚類資源，使這裡成爲候鳥南北遷徙的中繼站。開放民眾參加的「賞鷗船」也在每年六月開航，讓前來馬祖的旅人看見島嶼的另一種樣貌。

我是在東引遊客中心看到這個訊息的，熱情的替代役男二話不說，就幫我們詢問開船的時間、傳真報名資料，然後還笑嘻嘻地對我們說：「運氣好的話，搞不好你們可以看到『神話之鳥』喔！」

「神話之鳥」指的是全世界剩下不到一百隻的黑嘴端鳳頭燕鷗，每年在馬祖觀察到的紀錄只有零星幾隻，更別說牠們會混

雜在一般的鳳頭燕鷗之中，肉眼難以辨認。有關牠的大名我早就聽說過了，但從沒想過要去追尋牠的身影，報名成功後，我轉頭向老哥說：「要是真看到神話之鳥，那真的就是一段神話了！」

快艇繞過北竿，轉向更北方的鐵尖島。每年春夏之際，成千上萬隻候鳥來到馬祖列嶼棲息，鐵尖島是最容易觀察成群燕鷗的地方。

當鐵尖島小小的身影出現在我們面前時，全船的遊客都睜大了雙眼，高聲驚呼，好幾千隻鳳頭燕鷗在島嶼上空徘徊飛行，密密麻麻的身影幾乎遮蔽了整片天空，仔細一看，鐵尖島上還有數千數百隻燕鷗在巢中靜候，等待下一波集體起飛的時機。

正當我們全都看傻了眼的時候，船頭甲板上的嚮導透過破爛的麥克風，不疾不徐地告訴大家辨認神話之鳥的方式：「黑嘴端鳳頭燕鷗的嘴喙前端是黑色的，張開翅膀的時候看起來會特別雪白，還有……」

•「神話之鳥」黑嘴端鳳頭燕鷗

聽說最近幾天的賞鷗船班，都沒有人能親眼目睹黑嘴端鳳頭燕鷗的蹤跡。儘管如此，年輕的嚮導還是努力地克盡職責，重複那幾句分辨燕鷗的守則。

臨時起意參加賞鷗的我們，當然沒有攜帶望遠鏡之類的配備，我透過單眼相機的鏡頭隨意瞄向島上的候鳥，跟著牠們起飛、降落，順手拍下幾隻燕鷗美妙的身影。過了幾分鐘，鳥群逐漸習慣了小艇的存在，開始圍繞著船隻飛行，我從相機的觀景窗裡瞄準了一隻看起來特別潔白的燕鷗，正要按下快門的那一剎那……

「奇怪，牠的嘴巴前面怎麼好像是黑色的？」我腦中閃過這個小小的疑問。

說時遲，那時快，耳邊響起年輕導遊的吶喊：「各位快看！」他說：「那就是黑嘴端鳳頭燕鷗！」

我們的民宿位在馬祖最熱鬧的介壽村，距離港口只有幾百公尺的路程，賞鷗結束後，我和老哥研究地圖，只要順著福澳路往西直走，右轉介壽路，就可以輕鬆抵達目的地。

「以這個距離來看，十五分鐘差不多吧！」我在心裡這樣盤算著。

踏上單車，往地圖中「福澳路」的方向前進，迎面而來的是一個巨大的斜坡，我和老哥倒吸一口氣，咬著牙往上衝，打算把賞鷗半天所儲存的體力全都給耗下去。

「衝啊……」

「啊……」

「……」

眼看我們的前後變速都已經撥到底了，前方的道路卻有越來越陡的趨勢，我懷疑連機車要騎這段路都有點吃力了，更何況我們騎著腳踏車呢？雖然昨天才經歷過東引可怕的上坡，但眼前的這條福澳路卻是加倍的漫長而陡峭，短短幾十公尺的路程，已經耗盡我

們全身的力氣了。

不到幾分鐘，我和老哥已經被迫停下車來，狼狽牽行。

我不禁聯想到蘭嶼氣象站之前那段誇張的山路，那裡遠離聚落，連當地人都不會常常造訪。「但這裡可是南竿最主要的交通要道啊！」我心裡想。馬祖的居民每天往來這樣的陡坡，對這塊土地會是怎樣的思維呢？當你們聽到外來旅客的驚嘆與哀號時，你們會因此覺得自豪，或者只是同感麻煩而已？在這種環境中長大的孩子們，會因此更加堅毅、踏實，還是最終選擇離開自己的家鄉？

可以肯定的是，此時作客馬祖的我，真的是非常非常踏實的啊！

正當我緊繃疲累的大腿開始痠痛，連牽車都快牽不上去的時候，一面三角形的道路指示牌出現在前方轉角處。遠遠看去，紅色的邊框裡頭畫著一個坡道、一道箭頭，底下的文字似乎是險……險……？

「不～～」我大喊：「還是險升坡啊……」後頭同時傳來老哥無助的哀號。

介壽村北方，是傳統石屋建築保存良好的「牛角村」，聽說，這裡位在南竿島貌似犀牛頭的牛角位置上，所以有了這個特別的稱呼。雖然我從地圖上完全看不出南竿與犀牛的關聯，但還是很喜歡「牛角」這個硬朗的名字，至少比後來爲了反共大業而改成的「復興村」好多了。

幾十年以前，牛角村是南竿最大的村落，也是馬祖的商業與行政中心。近年來，隨著漁獲量的減少與縣政府的搬遷，曾經繁榮的牛角村慢慢趨於平靜。人口大量移出、產業漸形沒落之後，村內大量石造的閩東式建築反而得以保存下來，成爲南竿島上的珍貴文化資產。

寂靜的牛角聚落有種迷人的氣息，散發自新舊交錯的建築與石塊堆疊的圍牆之間。依山面海興建的村落規模並不大，我和老哥在蜿蜒的石板巷弄間騎車慢行，並且在地圖中找到一條「復興路」，可以繞過南竿北側的山丘、抵達島上主要的港口，我們打算將這一條小路當作今天下午主要的行程。

才騎沒多久，我們就發現這條路的柏油鋪面嚴重破碎，道路中央泥石外露、雜草叢生，四處都是大小礫石，怎麼看都不像是一條正常的環島公路。

此時，老哥問話了：「你確定要走這條路？」

「不確定啊……」我在心裡吶喊著。

看著腳下公路車的細輪壓在顛簸難行的碎石路上，我心中充滿了擔心與懷疑，要是車子在這裡爆胎或故障的話，我猜

馬祖應該也是很難找到腳踏車店的吧！但是，打從搭船離開基隆那一刻開始，我就已經下定決心，在這趟旅程之中，不管是陡坡、豔陽或是生病、暈船，絕對不能讓任何擔心與害怕阻礙這個「單車離島」的大夢。

「走吧！」我心一橫，衝就衝了！

老哥騎在前面，不時回頭向我提醒前方的路況。雖然一路上大多是平緩的下坡，但是顛簸的路面一直沒有改善，我只能將速度減到最慢，一邊騎車一邊煞車，深怕一塊尖銳的石頭刺穿了我的輪胎，破壞了後面幾天的行程。

不久之後，礫石道路逐漸變成滿地的黃土，兩旁也開始出現大大小小的沙包和建築用的鋼筋。我想我們兩個心裡浮現的都是同一個疑問：「這裡真的可以騎車嗎？」

但是眼前也只有硬著頭皮繼續騎下去了！

最後，當大卡車和挖土機都出現的時候，我們才真的察覺到事情不妙了。兩個施工中的工人把老哥給攔了下來，大聲講了幾句話，我還來不及跟上去，老哥就回頭對著我大喊：「欸！他們說這裡是管制區，不能進來啦！」

「……」

聽到這句話，不知道爲什麼，我的心裡突然有一種很開心的感覺。

「那……那怎麼辦？」我用擔心的語氣大聲回應。但其實我想對自己說的是：「環島環到管制區裡面，這應該又是一段可以拿來說嘴的故事了！」

第二天一早，我們從介壽村出發，正式開始南竿環島的旅程。島上主要的港口、機場和我們下榻的民宿，都位在海拔較低的東側，從地圖上向西望去，身形龐大的雲台山雄踞在島嶼中央，占去了半個南竿。雖然它的海拔高度僅僅兩百五十公尺，但是我和老哥卻絲毫不敢質疑它的難度，畢竟，昨天讓我們累個半死的福澳坡，高度連它的一半都不到呢！

幸運的是，南竿島有著貼近海岸、起伏較小的環島公路，避開高大的中央山區，並且順時針連接梅石、仁愛、津沙、馬祖等主要村落，我們幾乎是毫無異議的就決定了這一天環島的路線。

反方向爬上福澳陡坡，回想起昨天在這裡牽車的辛勞，我實在很難想像接下來的行程又是怎樣的艱難。有沒有哪一個上坡其實更加漫長，哪一個路段又在施工維修當中？是不是每條道路都有遮擋太陽的樹蔭，抑或沿海的道路又將被某個軍營霸占，凶猛的軍犬早在那裡等候多時？

為防萬一，我再次仔細檢查身上的裝備，車衣、車褲、頭巾、手套，兩瓶裝滿的水瓶，和已經歸零的馬表，我知道這些配備都只能讓我在艱難的旅程中紓減些微的負擔，真正能夠支持我克服重重難關的，還是自己心中那股堅持與傻勁。

這樣的說法也許有些老套（好吧……是非常老套），但是每一次沉重的踏行、每一顆斗大的汗珠，的的確確都在挑戰著體力與意志的極限，迫使我好好釐清自己走上這段旅程的初衷——是渴望成為受人敬佩的勇者，還是期盼擁有值得誇耀的經歷？是想宣示自

己擁有這樣的實力，還是想證明我終究也曾做過不一樣的事？

如果說自己不曾有過這樣的念頭，那我一定是說謊了。但是，我實在不願意用那些世俗、浮誇的想法來說明自己這趟難得的旅程。我想，最能回答這個問題的，應該還是那句寫在開頭的引言吧！我在心底又重複默念了一次：

有些事，真的就是做了，
再說、再看、再想，最後再回憶。
少了第一步的促動，
未來可能連自己都不知道會後悔什麼。

也許，我就是很單純的不想留下遺憾而已吧！

南竿濱海的環島公路雖然沒有無止境的上坡，但依然是高低起伏的無限循環，我和老哥早已習慣這種騎騎走走的行進模式了。走在前面的我負責刺探遠方的地形，後頭的老哥則是大聲提醒往來的車況，偶爾遇上可疑的岔路時，我們就拿出地圖來討論一番，老哥通常只會問同樣的那句話：「你確定嗎？」然後繼續跟著我前往每一條正確或錯誤的方向。

問題是，南竿的主要村落都位在沿海低平的地帶，我們得從主要的公路往下切行，才能抵達目的地。偏偏，每一條下切的道路都是嚇人的傾斜，標示又不是非常清楚，如果判斷錯誤，回程將會是充滿痛苦和懊悔的上坡。我是負責做出決定的人，心中當然充滿更大的壓力。

結果在第一個村落——梅石，我就走錯路了。往下滑行的小徑連接到一條荒廢的石子路，我轉頭向老哥低聲地說：「好像……不是這一條耶。」

「所以要回頭喔？」老哥說。

「嗯……」

這樣的對話從東引開始，就不斷地累積我心中的罪惡感。每次觀察地圖，我總是要格外地小心，深怕一個小小的誤判連累到無辜的老哥，也因此，前往新景點的期待常常被害怕與虧欠的心情給掩蓋著，久久難以釋懷。

等到真正抵達梅石之後，我鼓起勇氣問老哥：「我這樣一直帶錯路，你會不會覺得很煩啊？」

我以爲老哥會趁機損我幾句，或是把地圖搶過去自己看，沒想到，他竟然一臉淡然的聳聳肩：「沒差啊，反正要來這裡騎車也是我們自己選的，走錯就再走上來就好了。」

「……」

是啊，走錯路就再走上來吧！有什麼大不了的？

也因爲這種陡峭的地勢，讓我們非常珍惜每一個探訪村落的時光，畢竟，那可是靠堅強的意志和勇敢的決定才能得到的結果。仁愛村的坑道與碉堡，津沙村的老屋與石壁，馬祖村的寺廟與雕像，都讓我們停下單車、駐足許久，慢慢地感受村莊無聲的氣息。

我喜歡這種捨不得離開聚落的感覺，即使是村民都已離鄉遠去的無人村莊，我們還是

會在那裡多待一會，觸摸古厝遺留下來的頹牆，聆聽海浪拍打沙岸的聲音。

我想，一方面是那種得來不易的信念，讓旅人在此願意費時久留；另一方面，我們也不太願意面對回程的那段上坡。這些過程中的限制與無奈，或許也可以說是單車旅行帶給我們最大的貢獻吧！

在島嶼西南方的津沙待上好一段時間之後，我和老哥終於願意離開這個迷人的村落了。我們牽車退到村子的最底端，想要加速衝上連接環島公路的巨大陡坡。這時候，有一臺摩托車從坡道上滑了下來，兩個年輕的女孩停在聚落入口，向刻著「津沙」兩個字的石碑拍了張照片，我心想，終於又有人來見識這座古老村落的迷人之處了！

然後——當我們還在往上衝刺，依依不捨地想看老村莊最後一眼時——她們就重新發動引擎，「轟……轟……」騎上陡坡走了。

我和老哥互看了一眼，無奈的苦笑起來。也許，這段上坡對她們來說實在太簡單了，簡單到讓寧靜的氣氛、古老的石屋與美麗的沙灘，都顯得再平凡、再平凡不過了。

離開馬祖村向東騎行時，天空已經漸漸透出昏黃的顏色，我們知道自己即將回到福澳碼頭，完成今天的行程。在清水村北方，有一條馬祖唯一的單車專用道，密實的木板鋪設在靠海的岸邊，是個平坦而快速的捷徑。

儘管如此，我和老哥還是很難開心起來。因爲到了碼頭之後，還有一段無比陡峭的福澳坡在等著我們，非得越過那座山頭，我們才有辦法抵達下榻的民宿。

記得早上在仁愛村的遊客中心，值班的替代役男告訴我們：「聽說有一個阿伯每天都騎那個福澳坡上下班喔！」

「怎麼可能？」我和老哥一致回答。「那應該已經是神人的境界了吧！」我心裡想。

昨天，我們曾經兩度挑戰福澳坡，都只衝刺了一小段路就投降下來牽車，並且走了將近半小時才翻過那座山丘，途中還有一臺摩托車拋錨停在最陡的一段坡道上，看到那一幕，我們都不知道是該哭還是該笑了。所以當晚最後一段回程的路上，想到等等還要面對那個恐怖的上坡，我和老哥絲毫沒有那種即將完成環島壯舉的興奮之情。

就在我們即將回到碼頭的時候，一位中年大叔騎著腳踏車迎面而來，與我們狹路相逢。難得在馬祖遇到單車同好，我們當然熱情的互相招呼，抱怨馬祖起伏難行的地勢，也沒忘了提到福澳港前那段恐怖的上坡，誇張、可怕、嚇人、噁心……所有能用的字眼幾乎都被我們說完了。

那位大哥點點頭，告訴我們：「福澳坡喔，真的很累人，我也是騎了好幾年才有辦法騎上去的……」

「騎……騎上去？」我和老哥傻眼了。難不成，眼前這

個年近六十的大叔，就是替代役男口中那位「天天騎過福澳坡去上班」的神人嗎？

稍後才知道，原來這位大叔名叫李金龍，是最早在馬祖推廣騎單車的人物，甚至有「馬祖單車之父」的稱號，我的天啊！

李大哥分享他如何開始在馬祖騎車、以及前幾年到西藏單車旅行的故事。聽說，他每個星期都會騎上雲台山去繞個一、兩圈，聽得我和老哥目不轉睛，臉上驚訝的表情遲遲無法平復。他告訴我們：「騎上坡要慢慢來，不要急，一急起來就騎不上去了。」我並沒有應和什麼，只是在心裡暗自下了個注解：「不要急啊，不要急。」我告訴自己：「或許，艱難陡峭如馬祖的山路，也只不過是我單車旅行的一個小小起步而已啊！」

揮別了這位「單車之神」，我和老哥並沒有多做什麼討論，只是那天稍晚的福澳坡，我們兩個拚了老命，硬是給他騎了上去。

南竿 地理補給站

媽祖信仰 & 兩岸垃圾交流

相傳媽祖林默娘生前入海營救父兄，不幸罹難的遺體漂流到今日南竿馬祖村的澳口，被當地居民安葬於海邊，也使這裡的天后宮成為馬祖四鄉五島最重要的信仰中心。

時至今日，應該是不會有什麼神明的遺骸繼續漂流到臺灣了。但由於位置、洋流和風向的影響，還是有許多東西會吹送到馬祖、金門，甚至澎湖地區一那就是大批來自中國沿海的垃圾。標示著簡體字的保麗龍、塑膠袋或漁網、勾線，造成嚴重的景觀破壞與生態威脅，甚至造成小型漁船航行上的危險。

不過也有人說，由於東北季風是這裡最強盛的季風，所以每年到了冬季，我們這兒也會「歡送」不少垃圾到對岸去，說起來應該算是挺公平的！當然，真正的應對之道不是以怨報怨，而是確實做好垃圾減量和處理吧！

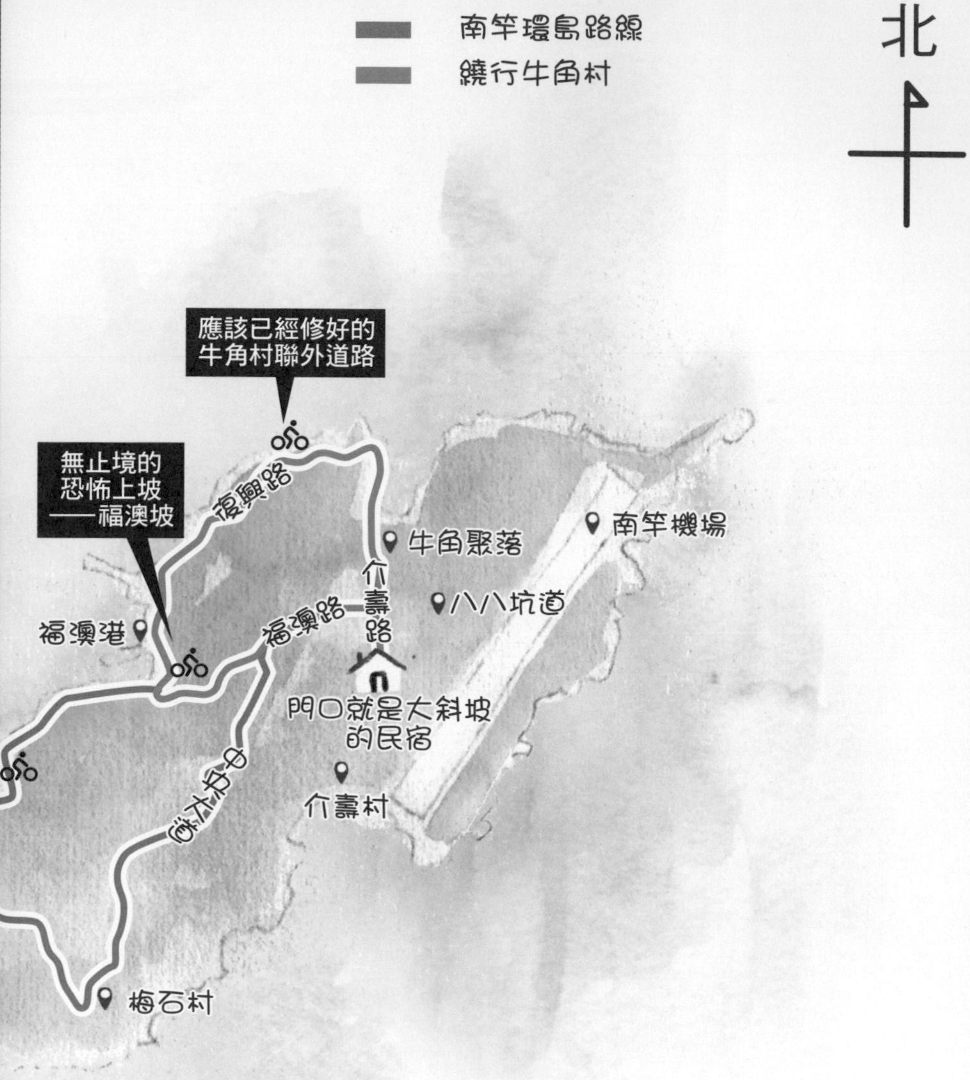

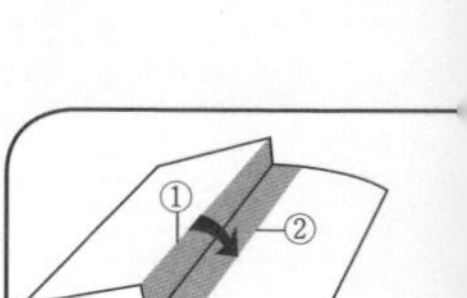

將左右頁中間灰色
部分相互對摺重疊
即可成為完整地圖

秋桂路
四維路
觀海路
馬祖村
馬祖天后宮
濱海大道
珠螺村
遇見單車之神的自行車步道
勝利路
馬祖民俗博物館
雲台山
中央大道
介壽路
北海坑道
津板路
鐵堡
仁愛村（鐵板）
大漢據點
值得費時久留的津沙聚落

你可以很直接的感受到整座島嶼的氣息，聽到島嶼最迷人的聲音。儘管有再大的陡坡、再熱的豔陽，我都毫無猶豫地愛上這種旅行的方式。

馬祖──西莒、東莒

／勇敢的冒險

前往莒光的交通船已經在海上航行了三十分鐘，隔壁的阿姨還在跟我爭論船班的問題，一直到我們抵達西莒青帆港的時候，她還是堅持我想前往東莒的時間根本沒有船班。

其實，來往莒光的交通航班本來就滿複雜的。西莒和東莒兩座島嶼位在馬祖的最南端，搭乘南竿出發的交通船，依據單雙月分不同而有先西後東、先東後西的分別。除此之外，東西莒之間還有小白船往返兩地，時間與班次都會時常更換，要不是老哥有住在南竿的朋友幫忙詢問，我也不敢這麼有把握地跟這位阿姨爭論下去。

交通船抵達西莒的時間是早上七點四十分，我們打算搭乘十點的小白船轉往東莒。走進港口旁的售票處，裡頭空無一人，除了牽著單車的我和老哥，還有三、四位由阿姨領軍的中年旅客，擠在小小的冷氣房裡等待購票。

我偷偷翻了一下辦公桌上的售票登記簿，果然看到「十點，往東莒」的注記，但是我故意不動聲色，等到售票小姐重新回到座位後，才大聲的詢問：「小姐，請問十點有船去東莒嗎？」

「十點，有啊，幾個人？」

「兩張全票。」我得意地望向那位挑戰失敗的阿姨。

只見她楞了一下：「真的有船喔？」然後故作鎮定的走上前去，同樣買了四張十點的船票。我和老哥忍住嘴角的微笑，牽起車來，準備開始西莒環島的旅程。

「你們腳踏車是自己帶來的喔？」阿姨忽然問。

「喔……對啊。」

「馬祖山那麼多，不會很累嗎？」

「嗯……不會啦！」我隨意敷衍著，用眼神催促老哥趕快離開。

「我看還是租摩托車比較好啦，不然真的會累死喔。」阿姨還在那裡碎碎念。

「……」

從青帆港口通往主要村落的道路，依然是一條陡斜的上坡，爲了儲備體力，我和老哥牽著車走上去，在青帆老街裡繞了一圈，順便翻開地圖，研究待會要環島的路線。十多分鐘之後，當我們終於要踏上環島的旅途時，竟然看到阿姨一行人氣喘呼呼的出現在眼前。

「喂！」她向著我們大喊：「你們可不可以幫忙找一下，哪裡有在租摩托車啊？」

西莒是馬祖四鄉五島中面積最小的島嶼，環島一圈只要不到六公里的路程，地勢起伏也相對比較平緩。雖然偶爾還是會有逼得我們下來牽車的路段，但是既然島嶼不大，上坡也不會太漫長，走沒多久就會出現舒坦人心的緩降坡，讓我們好好儲備下一次爬坡的體力。

島嶼的東側，有一條著名的十四哨步道，路旁排列著由真實彈殼所製成的燈罩，成爲西莒島上最引以爲傲的景點，我和老哥當然也興匆匆地騎往步道入口，準備一睹整排彈殼燈罩的獨特風采。

沒想到，入口處突然冒出一隻大狗。

「……」

要知道，自從在東引的燕秀潮音遇上那兩隻軍犬之後，我們對馬祖的狗兒總是敬畏三分，尤其是眼前這種齜牙咧嘴、不斷對我們發出低沉嘶吼，後方還有個軍營要守護的軍犬，可不是我們虛張聲勢就可以嚇得跑的。

幸好，這隻大狗的脖子上拴著粗厚的鐵鍊，對我們暫時沒有什麼威脅，我和老哥快速走上十四哨步道的階梯，並且不斷回頭查看那隻大狗的狀況。

如果要問單車騎士在馬祖最大的敵人，究竟是無限延伸的險峻陡坡，還是國軍訓養的兇猛軍犬呢？我想答案是顯而易見的，畢竟，上坡是慢慢走路遲

早都能克服的對手，而瘋狗的話……

「……用跑的也跑不贏啊！」我心裡想。

離開十四哨步道，繞過西莒的北端，我們騎上恰如其名的「環島路」，做爲西莒島上最後一段路程。

在離島騎車，和在臺灣環島有很不一樣的感受，除了澎湖和東引，幾乎每一座島嶼都有完整的環島公路，鋪陳在貼近海洋的岸邊，並且也大多能在一天之內騎完。你可以很直接的感受到整座島嶼的氣息，是熱情的，還是靜謐的？是喧譁的，還是沉穩的？環島途中，你聽到的聲音，或許就是島嶼最迷人的聲音；你看見的高山，或許就是島上最雄偉的高山。你可以清清楚楚的知道：

「我在環繞著這座島嶼。」

我毫無猶豫地就愛上這種旅行的方式，儘管有再大的陡坡、再熱的豔陽。

距離港口只剩下一、兩公里了，前方是一段愉快的長下坡，眼看左轉彎之後的道路有個不輕鬆的上坡路段，我們決定用力踩著踏板往下俯衝，再憑著這股重力加速度來越過那個上坡。

突然！（我真的很不喜歡這個突然……）

「汪汪汪汪汪！」

一群瘋狗從轉角處的民宅裡衝了出來，衝著我們大吼大叫，我和老哥嚇得差點從車上摔了下來。「靠！」我忍不住大罵，剛才對這座島嶼美好的想像瞬間消散於驚恐之中。

在我還來不及做出反應之前，老哥已經緊急滑進反方向的斜坡了。這群惡犬轉移攻擊的目標，蜂擁衝到我的身旁，其中幾隻甚至張開血盆大嘴，作勢要狠狠的咬上一口，嚇得魂不附體的我，不管三七二十一，也跟著老哥躲進那條小路，頭也不回地滑行好一段路，才總算逃離那群瘋狗的追殺。

「天啊，怎麼這麼衰啊！」我大叫。

在馬祖，又一次遭遇瘋狗的威脅，而且這次竟然還是一大群追上來，擋在我們環島必經的道路上。我的心跳尚未平息，身體也在微微地顫抖，無奈的看了老哥一眼，他臉上也和我一樣掛著不可置信的表情。

等到我們稍微平靜下來之後，觀察一下地圖，知道我們現在所待的小路是一條絕徑，想要返回港口的話，除了原路折返，就只能繼續前進了。

「我絕對不回頭！」我第一個想到的是這句話。

問題是，前方的道路是一條陡峭的長上坡，擋在眼前的又是五、六隻攻擊欲望強烈的瘋狗，沒有鎖鏈拴著，沒有士兵看管，也沒有附近的人家可以幫忙，要是我們其中一個被咬傷，另一個人有沒有辦法幫忙送醫都是個問題（當然，島上到底有沒有醫院也是一個問題啦）……

「你確定嗎？」老哥問，但這一次連他自己都知道，如果我們想要準時抵達港口、趕上十點的船班，闖過那群瘋狂的惡犬應該是唯一途徑了。
我們煞有其事的討論起擺脫瘋狗攻擊的策略。一開始，由我身先士卒去吸引牠們的注意力，老哥趁機從一旁衝上斜坡，順便幫我引開幾隻瘋狗，然後我再加速逃離現場，並且祈禱沒有被任何一隻狗咬傷了重要的雙腳。
決定了這個草率的計畫之後，我先慢慢地騎回路口，稍微探出頭來觀察敵情。沒想到那幾隻狗飛快地衝了出來，圍繞在我的身旁狂吠：「汪汪汪汪汪……」完全進退不得的我連忙揮動雙腳，嘴裡不斷大聲咒罵「靠盃！走開！走開！」還不小心踹倒了其中一隻瘋狗。
慌亂之中，只見老哥從斜坡底下衝了出來，大喊著：「阿維，快點！」然後飛也似的逃離了現場。眼看機不可失，趁著幾隻瘋狗分神之際，我也重新踩上踏板，使勁衝上了斜坡！
「啊啊啊啊啊……」

我想，這一定是我這輩子騎得最快的一次上坡了！

一陣瘋狂的踩踏、爬坡之後，那群瘋狗終於被我們甩在後頭，當我回過神來，老哥已經停下車了，但是驚惶失措的表情依然掛在臉上。

「你還好吧？」我以爲他的第一句話會是這個，沒想到他說的卻是：「還不快拍照？」

「喔喔！」我趕緊拿起相機，「喀嚓！」拍下五隻狗兒轉身回家的畫面。

拋下落荒而逃的單車騎士之後，牠們的步伐顯得悠閒自在，完全沒有一絲肅殺的氣息，讓人搞不清楚剛剛那場刺激的戰役，到底是我們的努力抗戰獲得了勝利，抑或只是在陪牠們進

行一場晨間遊戲而已？

「真有你的啊！」回過頭來，我一邊喘著氣，一面在心底冒出這句話。不知道是說給自己、說給那群狗兒，還是說給這座島嶼聽的？

西莒西側的外海，有一列蜿蜒曲折的島嶼，人們以它的身形取名叫做「蛇山」。一路上驚魂未定的我們停在山崖邊，遙望這尾盤據海上的巨蛇，海浪的聲音從懸崖底下遠遠地傳遞，涼爽的微風迎向我們輕輕地吹拂，呼吸和心跳都漸漸平穩了下來。果然，還是島嶼本身的樣子最能安撫旅人不安的思緒。

聽說，在潮汐退去之後，人們可以從西莒走上這座曲折的島嶼，只不過，距離十點的船班只剩不到半個小時，我想我和老哥是與這座蛇山小島無緣了。

「至少我們又經歷了一段勇敢的冒險……」我抬起頭，反覆回想著剛才發生過的驚險畫面。

幾分鐘後，港口那位阿姨和她的旅件出現了，搭著聽說是島上唯一的一臺計程車，與我們擦身而過。我忍不住想起，等會他們即將經過那個下坡轉彎的路段，坐在計程車上，應該不會被瘋狗追殺了吧！

逃過一場可怕的試煉，卻也少了一段難忘的回憶，我們該羨慕他們舒適的旅程，還是珍惜自己難得的故事呢？

青帆港的身影出現在不遠的前方，老哥興奮地喊著：「到了！到了！」好像等不及要把這段事蹟分享給港邊每一個人知道似的，我想，這個問題的答案應該不必再多加臆測了吧！

不到幾分鐘的航程，我們抵達了東莒的猛澳港，港口前有一條僅僅數十公尺長的中興路——那真的是我這輩子看過最陡的上坡了！

我們技巧性地彎進右轉的道路，在南邊繞了一大圈，躲過那個傾斜無比的路段。除了港邊這段大斜坡，東莒還算是一個和藹可親的島嶼。比起西莒，這裡有更熱鬧的聚落、更知名的景點，以及更可口的美食。出發前，我們在網路上查詢有關東莒的資訊，發現這裡最有名的竟然是……豆腐？我腦中浮現我們邊騎單車邊吃豆腐的模樣，不禁大笑了起來。

今早離開南竿之前，老哥的朋友到港口來送行，千叮嚀萬交代地，要我們記得品嘗東莒的蔥油餅，說有多香、多脆、多好吃。半信半疑的我們抵達他說的餐廳時，已經是中午時分了，汗流浹背的面對眼前這盤炸得酥脆的蔥油餅，實在是很難提得起食慾，勉強咬了一口……

「這也太好吃了吧！」

我和老哥驚爲天人，一口接著一口把蔥油餅吃光了。

「爲什麼這麼好吃的食物會出現在東莒這個離島中的離島呢？」我疑惑著，不過讓我更困擾的是：「要是我以後吃不到的話怎麼辦啊……」

那個當下，我真的很認真在思考這個問題。

在Google 地圖上搜尋馬祖列嶼，只能找到幾個完全空白的橢圓圖形，我們拿來導航用的手機一點也派不上用場，如果想從中認出這些島嶼的形狀和位置，還得要有足夠的想像力才行。幸好，馬祖風景管理處印製的地圖（他們稱作「卡蹓地圖」）還算詳盡，也成爲我們在馬祖旅行最重要的參考依據。

離開大埔聚落，我們沿著東莒的環島公路攀行到一個地勢較高的路段，左側倚著岩壁，右側迎向海洋，前方則是大片遼闊的島嶼風光，收納在來訪旅人讚嘆的眼中。從高地遙望，前景是老舊而靜謐的福正聚落，遠處則是微微隆起的燈塔山，而我們的目的地——

東莒燈塔，就駐立在前方那座海拔不到七十公尺的小丘上。

遠遠看去，小小的燈塔像是幾塊積木拼裝而成的樂高玩具，在藍天與綠地之中，白色的塔身顯得格外突出。知道終點就在不遠的前方，我和老哥都開心地跳下車來，倚著欄杆，飽覽美景，享受這種居高臨下的舒暢感受。

拿著「卡蹓地圖」查詢前方的路線，我在高地與福正聚落之間，發現了一個叫做「神祕小海灣」的奇怪景點。在這種官方出版的地圖上看到如此「平民化」的地名，讓我又是驚訝又是好奇，心想一定要去探個究竟才行。但是，一路驅車前行，卻怎麼都找不到那條通往海邊的岔路，眼看都已經快抵達福正聚落了，還沒見到什麼海灘的蹤影，心中納悶不已的我，決定回頭滑下一條才剛剛辛苦爬上的陡坡。

「我們去看看那個海灣到底有多神祕吧！」我這樣跟老哥解釋。

等我們滑行回到低處，只找到了一條小小的岔路，破碎而顛簸

的水泥路面，讓它看起來像是條荒廢已久的絕徑。我和老哥在路口觀望一會，試探性地往前走了一小段，前方卻是一叢又高又大的雜草堆，瓶罐、輪胎、保麗龍等廢棄物散落滿地，雖然還不到滋生蚊蟲、發出惡臭的地步，已經足以讓人望之卻步了。

「怎麼可能……」我一邊喃喃自語，一邊皺起眉頭，朝著草叢堆走去。

「你……你確定要過去？」老哥不解的問。但是我沒有回答，繼續跨過叢叢雜草，走到草堆的另一頭。

我猜，這個當下我的腦中雖然空無一物，卻隱約期待著一個小小的奇蹟，希望冒險穿越雜亂的草叢之後，可以發現令人目瞪口呆的風景，就像桃花源記裡的武陵漁夫那樣，走出洞口，豁然開朗。

又或許，我也在偷偷地賭上自己與這座島嶼的緣分，刻意不去多做想像，假裝是島上的「什麼」在冥冥之中召喚著我到來。

當然，我想得太多了，雜草堆的另一頭還是零散滿地的垃圾，原本的水泥路面也被大大小小的碎石子給取代。前方盤踞著大約兩層樓高的火成岩壁，將這裡圍繞出一個還算開闊的空間。

看來海洋已經在不遠處了，因爲「沙……沙……」的海浪聲從岩壁後方不斷地傳來。撇開那些垃圾不說，這裡還真的有點「神祕」的感覺。

四周的岩壁在右手邊延伸出一個寬廣的開口，我再往前走幾步，海浪的聲音越來越清楚了。

「沙……沙……」

然後，我停下了腳步……

腳底下的碎石一路向前方延伸，離我越遠，石頭的顆粒越粗，直到成爲碩大無比的岩塊爲止。潮水和陽光在岩層上彩繪出深淺不同的褐色，清澈的海水在岩石包圍之中漫流進來，對應著背後晴朗無雲的藍天，構成一幅讓人說不出話來的美麗圖像……

「這裡就是神祕小海灣了。」我告訴自己，不需要任何的指標。

「哇！太漂亮了吧！」老哥跟在我後頭，忍不住讚嘆了出來。

那個午後，陽光、溫度、風向、潮汐，都與海灘配合得天衣無縫。我們在那裡花了好一段時間，散步、拍照，或就只是靜靜的站著，高大的岩壁阻擋住午後的陽光，海浪的聲音輕撫旅人的心靈，不管看了多久，我還是捨不得將視線從這個小小的海灣移開。

到底，這片風景是怎麼被發現，又是怎麼被荒廢的呢？

「有什麼人會專程爲了你，不遠千里而來嗎？」我輕聲詢問。

「沙……沙……」

「沙……」

「……」

離開的時候，我們再次抬起大腿，一步步跨過那叢垃圾四散、阻擋在環島公路與神祕海灣之間的雜草堆。也許，只有勇氣和傻勁兼備的旅人，才會想要穿過這片荒地，然後找到這片世外桃源吧！

我又想到陶淵明筆下的武陵漁夫，他那捨船入山的探險精神，與我們今天的故事不謀而合。當然，我們沒有在回程的路途中留下什麼記號，唯一需要的，就是繼續勇敢、傻傻的前進。

東莒燈塔位於島嶼東北方的「燈塔山」上，白色的花崗岩外牆與黑色的圓形屋頂，聳立在綠地藍天中，不管你用什麼方式探訪東莒，這裡都是一個很好的旅程終點站。

爲了讓早期在此駐守的工作人員順利往返巡邏，燈塔與辦公室之間砌了一條長長的矮牆，讓守塔人能放低身子躲避強勁的風勢，手上的油燈也不會被狂風吹熄。如今，燈塔的重要性逐漸降低，工作人員也不必再如此頻繁地來回巡視，白色矮牆失去了防風的用途，卻成了燈塔樸實而美麗的裝飾，在每一個旅客初次造訪的時候，爲這裡添增一些令人難忘的理由。

通往燈塔的道路是一條筆直的長上坡，對於單車騎士來說，長途跋涉之後，用這段陡坡來當做征服東莒的最終挑戰，是再適合不過的了。山頂上高貴典雅的潔白燈塔與俯瞰整個東莒的絕佳視野，是島嶼給旅人最大的獎賞！

所以，咬牙飆汗騎上燈塔山的過程中，我和老哥一句怨言也沒有，就只是努力的踩著、踏著、期待著……

然後，就像擺脫那些瘋狗、跨越那堆草叢、征服這條陡坡一樣，我們一次又一次地走到自己想要的地方。

毋忘在莒

莒光　地理補給站

東莒和西莒原名「東犬」和「西犬」，合稱「白犬鄉」，後來由先總統蔣公取「毋忘在莒」之意改名為「莒光鄉」，兩座島嶼也跟著易名，改稱「東莒」和「西莒」。

「毋忘在莒」當然是當時國共對峙之下的產物，包括莒光鄉在內，馬祖到處可以看見軍事建設與反共標語，地下坑道的密度甚至高達世界第一。全盛時期，馬祖的居民加上駐島官兵共有六萬多人，但隨著國共對峙情勢趨緩，馬祖解除戰地政務之後，人口已經驟降至一萬多人，常住人口甚至不到當年的十分之一。

近年來，到島上觀光的遊客人數當然不會比當時駐守的阿兵哥還多，失去大量經濟來源的馬祖，目前正面臨人口流失、產業凋零的危機。想到金、馬地區過去保國衛民的犧牲與貢獻，現在的我們是不是更應該「毋忘在莒」呢？

北
東莒
燈塔山上的
東莒燈塔
福正聚落
中興路
復興路
超級好吃
的蔥油餅
大坪村
大埔路
世外桃源一般的
神祕小海灣
猛澳港
中興路
自強路
大埔聚落
大埔石刻

東莒環島路線

西莒環島路線

■ 東莒、西莒兩島相距三公里

我來這裡分享這座島嶼。透過親身的踩踏來體驗島嶼的起伏，藉由流下的汗水來測量土地的坡度。我是一個願意傾聽你的旅人，緩慢而貼近。

馬祖—北竿

／很熱血的瘋子

搭船抵達北竿的時候，已經是傍晚時分了，民宿老闆開著貨車，把我們送到島嶼北端的芹壁村，目的地的民宿就位在依山而造的石屋群落當中。儘管夕陽已經大半沉入海中了，但是晚霞餘暉映照過來，加上芹壁暗黃的路燈，看起來煞是浪漫。

只不過，對於還在嚴重暈船狀態的我們來說，只想關心今晚的床鋪好不好睡而已。

同時，我也在心裡小小擔心著明天的行程。要知道，除了「東引最陡峭」、「南竿最傾斜」的說法，也有一種版本認爲北竿是馬祖最崎嶇難行的島嶼。島上海拔兩百九十四公尺的壁山是馬祖的最高峰，而坐臥於機場南端的大沃山，聽說也是個陡到不行的地方。

當天晚上，民宿的老闆娘和兩個女兒熱心地招待住宿的旅客，東聊西扯之餘，還大聲佩服我和老哥騎車

環島的勇氣，但她們也很嚴肅的提醒我們：「到大沃山那邊的話，你們可能就要下來用牽的喔！」

「……」

我想，牽車絕對不是什麼問題，但是會不會連牽都牽不上去，才是最令人擔心的吧！

那天晚上，床前迎海的窗戶被強風吹得嘎嘎作響，我和老哥被吵得整夜無法入眠，只能不斷想像明天將要遭遇的地形，會是多麼恐怖的模樣。

直到隔天早上，我們才真正看見芹壁村完整的樣貌。沿著山勢建築的閩東古厝、刻在巷弄之間的反共標語，還有村落流傳的海盜歷史與廟宇歌頌的蛙神傳說，都吸引著旅人在這裡做更久的停留。

此外，不管從哪一條巷道之間的空隙往北方望去，都可以看見盤踞於海上的龜島，被認爲是一個默默守護著芹壁的力量。雖然不知道這個說法是來自於哪一個傳說，但是每

當抬頭望見這座小小的島嶼，還是會讓人有種格外心安的感覺。

「待會離開了芹壁，請也繼續守護我們接下來的旅程。」我在心裡這樣向龜島祈禱著。

然後，才一撇過頭，我就看到那條村落唯一聯外的道路，是個超級陡斜的長上坡。

「……」

「先祈禱我們能順利離開芹壁再說吧……」我心想。

從芹壁村出發，順時針方向繞行北竿，我們首先就得面對剛才看到的那個險升坡。從低平處往上望去，根本看不到這條道路的盡頭。我在心裡思忖著：「才正要開始環島而已，千萬別把體力都耗光了，大概撐個一小段就可以下來牽車了吧？」

雖然我和老哥都算得上是運動健將，但在單車旅行的經驗裡，也只能說是剛剛入門而已。每次騎這種恐怖的上坡時，都得要顧慮一下彼此的體能狀態，趁著體力還沒有消耗殆盡，提前跳下車來牽行或休息。

這次挑戰的結果也差不了多少，儘管我再怎麼奮力地踩著踏板，還是抵擋不了地心引力與傾斜仰角的加乘威力，差不多要投降的我向老哥大喊一聲：「喂！差不多了……」然後準備跳下車來。

奇怪的是，一向都與我同進同退的老哥，這次卻不肯服輸的說：「現在……還……不能下來……」同時咬著牙在車上苦撐著。

「啊？」

莫名其妙的我跟著他多撐了一小段路，直到前方一片樹蔭遮蓋之處，我們才終於停下車來，大口喘氣、放鬆休息，老哥苦笑著說：「剛剛那邊，還會被民宿的人看到啦！」

「喔……」我愣了一下，哈哈大笑了起來，原來老哥在乎的是這件事啊！

之前幾座島嶼，雖然也有好幾次的狼狽牽車，但有老哥陪著我一起同行，倒也覺得沒什麼好丟臉的。但這次又多了昨晚相談甚歡的民宿老闆娘，以及她兩個可愛的年輕女兒，想到她們或許正從後方不遠的芹壁村裡偷偷觀察著我們，的確讓人有些介意。

「想太多了吧……」我在心底嘲笑著自己，或許只有像我和老哥這種單車新手，才會面臨這種體能與面子之間尷尬的掙扎吧！

如果可以，我們當然希望自己是個單車「勇腳」，面對每一個上坡都能夠屢戰屢勝，或是可以追過前方所有的對手（最好是連摩托車都追得過去）。只不過，我們沒有做過什麼規律的練習或專業的鍛鍊，當然只能默默去接受自己體能與技術的極限。

我想起自己在蘭嶼翻越中橫公路時的窘樣，幾乎是牽著車「走」完全程的。對向車道上頻頻出現騎著機車的居民或遊客，從我身旁呼嘯而過，大太陽底下，我的汗水滴灑在柏油道路上，持續了好幾個鐘頭。我記得當下的我堅定地告訴自己，要如實呈現自己與土地之間的關係，那就是：「我真的敗給你了！」或是「你太厲害了啦！」

像這樣虔誠地向山屈服，算是一種豁達，還是一種妥協呢？這趟旅行，我該不會是來向島嶼服輸的吧？但如果我在旅行之前勤加練習，就只爲了征服島上的每一道陡坡，那又未免太過膚淺了吧？

「輸給這一臺車、贏過另一個人，或是輸給這座山丘、贏過這座島嶼……」沿著環島公路爬行的過程中，我在心底反覆思忖著，這些輸贏對我來說，到底有著什麼意義？對於這座島嶼，和這趟旅行而言，最重要的又是什麼？

「……」我似乎陷入了苦思。

環島旅程來到一片巨大的林蔭底下，我和老哥停在路旁休息。一陣徐徐的微風吹了過來，雖然稍嫌乾熱，但我們依然珍惜這個難得的福利，放鬆全身的力氣。

慢慢靜下心思之後，鳥叫與蟲鳴逐漸明顯，海的聲音也從遠方傳來，我們輕鬆地坐在路邊，把接下來的路程暫時拋到了九霄雲外。

我聽著樹葉被風吹打的聲音「沙……沙……」，同時看著自己胸口的起伏：「撲通、撲通……」逐漸和緩下來的心跳悄悄地與島嶼相互融合，搭配得天衣無縫，我感覺此刻的自己正在享受整座島嶼的脈動與呼吸。

當初會選擇騎單車環島這種旅行方式，根本就不是爲了要贏過誰、擊敗誰，或是征服些什麼的，不是

嗎？我提醒自己。透過親身的踩踏，來體驗島嶼的起伏；藉由流下的汗水，來測量土地的坡度，進而連一片樹蔭、一陣微風，一聲鳥鳴、一道海浪，都覺得感激萬分。

「所以，我不是來挑戰這些島嶼的啊，而是來、而是來……」我在腦中尋找一個比較貼切的詞彙。

「分享！」我脫口而出。

是啊，我是來這裡分享這座島嶼。你的高低起伏，代表著你的喜怒哀樂，微風與鳥語，便是你的微笑與唱歌，而我是一個願意傾聽你的旅人，緩慢而貼近。

我愛死了這樣解讀自己的旅行。

單車從環島北路轉進環島東路，前方依然是無限循環的漫長上坡。我們估算著，再走一小段距離，應該就會輪到令人振奮的下坡路，可以直達熱鬧的塘岐街區，準備迎接今天的午餐了！

爲了完整的繞行北竿一圈，我們並不打算前往從中橫貫島嶼的壁山路，當然，這也是考量到壁山路陡升的地勢，和我們那已經開始發軟的雙腿。儘管如此，高大的壁山對我們來說，還是一個很有吸引力的挑戰，根據手上的地圖，在進入塘岐村之前，有一個可以步行登上壁山的「千階步道」，和老哥商量之後，我們決定在午餐之前挑戰這條路線。

雖然可以暫時脫離騎車時的胯下之苦，但是一腳接著一腳地走在階梯步道上，還是挺要人命的。天氣十分晴朗，從茂密的樹林之間，我們偶爾可以瞥見壁山南側的島嶼風光，越往高處，塘岐村與機場的樣貌就越清晰，連隔著海峽另一端的后澳、螺山與蚌山小島，都能夠清楚地看見。這些一望無際的美麗視野，爲我們痠痛的大腿增加一些前進的動力。

怕自己太閒的我邊走邊數著臺階的梯數，四百、五百、七百……「一千！」我大喊，但是我們依然身陷山林之間，汗水從我的臉頰滴落，腳下的石階繼續向上鋪陳著。

「什麼千階嘛……根本就騙人！」我任性地抱怨著。老哥不發一語，只是默默地喘著氣息，繼續朝向山頂攀行。自討沒趣的我也只好收起抱怨，加速跟上老哥的腳步。

又踩了好幾百層的階梯之後，才終於在不遠處的林蔭之間，看到一個塗繪著綠色迷彩的哨站，那裡應該就是步道的盡頭了。我和老哥完全忘記自己發暈的腦袋和痠痛的大腿，三步併作兩步地往上衝刺，在踏上步道出口處的那一刻，我忍不住用力嘶喊了一聲：「啊啊啊……！」

彷彿自己完成了什麼了不起的成就一樣。

在壁山的景觀平臺上，有四位年輕的女孩，似乎被我剛才奇怪的舉動給嚇到了，正湊在一起竊竊私語著什麼。我偷偷打量了一下，她們都穿著輕便的上衣、合身的短褲，腳

上還穿著夾腳拖鞋，我心想：「一定是悠遊自在的機車旅行團，難怪不會懂得我們這種歷經滄桑之後的感受啊……」

左右觀察一番，沒有找到任何一臺停在附近的摩托車，我和老哥又偷偷摸摸的討論了起來：「搞不好是開車上來的……」

「那車呢？」

「應該是有人先載她們上山，然後等等才要來接她們下去的吧？」

「搞不好是有親戚在這裡當什麼高級軍官，所以是坐旁邊那臺軍用卡車上來的喔！」

「會不會她們根本就是換裝出來透透氣的女軍官？」

「哈哈哈哈哈……」

我們東一句、西一句的聊著，完全沒有發現女孩子們已經消失在我們眼前了。

「她們咧？」我和老哥對看一眼：「該不會是穿夾腳拖走進千階步道了吧？」

我們趕緊走下階梯，果然發現女孩們的身影，在樹林之間若隱若現的，與我們相隔約有十幾公尺左右。

「哇！不怕腳扭傷喔！」我小聲驚歎。

雖然我和老哥走得並不算快，但也沒有浪費什麼時間啊，怎麼會十幾分鐘過去，我們還無法拉近與她們之間的距離呢？

「她們該不會是山神之類的，走好快喔！」我說。

「對喔，搞不好下一個轉彎就消失了！」老哥跟著我瞎扯。

走走停停之間，我們竟然已經回到山腳下了。好奇的我追上其中一位女孩，詢問之下，才知道她們是來這裡觀光實習的大學生，趁著假日，真的就靠著一雙拖鞋旅行馬祖，這幾天下來，都已經走遍北竿全島了！

「你們是騎腳踏車在馬祖玩的喔，太厲害了吧！」一位女孩對我們說。我和老哥傻傻地笑著，不敢讓她們知道我們剛剛對她們胡亂的臆測。

「還山神咧……」我憋住自己的笑意。

真的要說起來，她們的旅行需要更多的毅力和勇氣，以及不輸給我們的體能與耐力才行吧！聽到那位女孩的誇讚，我們是又心虛、又佩服。

我的思緒從驚奇變成好奇，表情也從皺眉轉成微笑，能夠遇上一群同樣熱血的旅人，互相分享這座島嶼的故事，我想，一定能爲接下來辛苦的旅程好好充電一番吧！

向她們道別之後，我們繼續往塘岐街區前進。老哥從後頭叫了我一聲：「喂……你接下來要不要也來個走路環島啊？」

「才不要咧，累死了！」我很快的回答。

一路往下滑行，涼快的微風迎著我們不斷地吹著，難怪我臉上的笑容始終無法停止下來。

穿過機場跑道底下的隧道，會通往一個稱作「后澳」的小漁村，民宿老闆娘說很可怕的「大沃山」，就是盤踞在后澳南邊的那座山頭。驅車爬上大沃山前，還可以看到馬祖諸島中唯一的一個紅綠燈，只不過，它不是用來指揮交通繁忙的十字路口，而是要爲了蜿蜒陡峭又單向通行的上坡路段，協調來往通行的軍事車輛。

那個號誌對我們單車騎士來說，實在是一點作用也沒有。因爲地勢實在太過於陡峻了，我和老哥只能連騎帶牽地緩慢爬行，並且小心閃避前後駛來的大型車輛，不知道經歷了多少次號誌變換，交錯了多少臺軍用卡車，才終於揮汗爬上這個毫無止境的陡坡。

那天早上，大沃山頂的天氣晴朗而帶著微風，連綿的步道幽美又杳無人煙，我和老哥情不自禁地在山頂消磨了幾乎整個午後的時光，就只是漫步、探險、遠眺或是發呆。等我們滑下大沃山、回到機場的這一側時，太陽已經逐漸下山，環島的行程也即將步入尾聲了。

返回芹壁村的路上，坡度起伏已經不是什麼問題了，雙腳的痠痛和抽筋也不再困擾著

我們，騎車、牽車，成了一種習慣性的切換動作，

倒數三公里、兩公里、一公里……

馬祖四鄉五島，無非是我在單車旅行生涯中，遭遇過最艱辛、也最難忘的一段旅程了。當我把「險升坡」、「險降坡」這些號誌都給看膩、當我明知路途難行卻還願意一探究竟，我認爲自己的確已經有資格從這趟重要的旅程中結業了。

從此之後，我可以說，我是曾經騎著單車環繞馬祖的瘋子，很熱血很熱血的那種瘋子。

最後一條通往芹壁的道路，是個非常陡直的下坡路段，在坡道的入口處，就能望見聚落中最獨特的石屋，和矗立海上的神聖龜島。從前方海灣吹來的逆風，帶著淡淡的海水鹹味，吹撫在我們兩個人身上，汗水與疲累早就被風給吹乾了，剩下的盡是涼爽的觸感和輕快的心情。

我對老哥說：「連風都在迎接我們啊！」

「什麼？」老哥沒聽清楚。

「……」我沒有再做解釋，只是繼續望著芹壁聚落，微笑地小聲地說了一句：「我回來了。」

然後雙腳向後輕輕一踢，讓單車開始往下滑行。聚落的樣貌越來越清楚，海洋的聲音也越來越大聲，我的腦子裡依然還是那首湯旭的歌……

島歌～乘著風啊，隨飛鳥～到海的那一邊，
島歌～隨風飄吧，把我的愛～也帶走吧。
帶到你的窗前，來到你的夢裡，
來到你的身邊，然後消失不見。

顛簸起伏的大陸島

北竿　地理補給站

北竿的壁山海拔 298 公尺，是馬祖群島的最高峰。298 這個數字看起來不怎麼樣，但在形狀狹小的島嶼上可說是個龐然大物了。從海拔 0 公尺的海平面急速攀升到近 300 公尺，不只讓騎車的旅人叫苦連天，也在一定程度上限制了島上的產業發展。

馬祖和金門其實原本都是與大陸連在一起的小山丘，由於海水上升的沉水作用，淹沒了低矮的地區，才讓它們形成孤立的島嶼（地理課本裡稱做「大陸島」）。也就是說，這些沒有被淹在海底的部分，原本都是沿海丘陵地區的山頂呢！

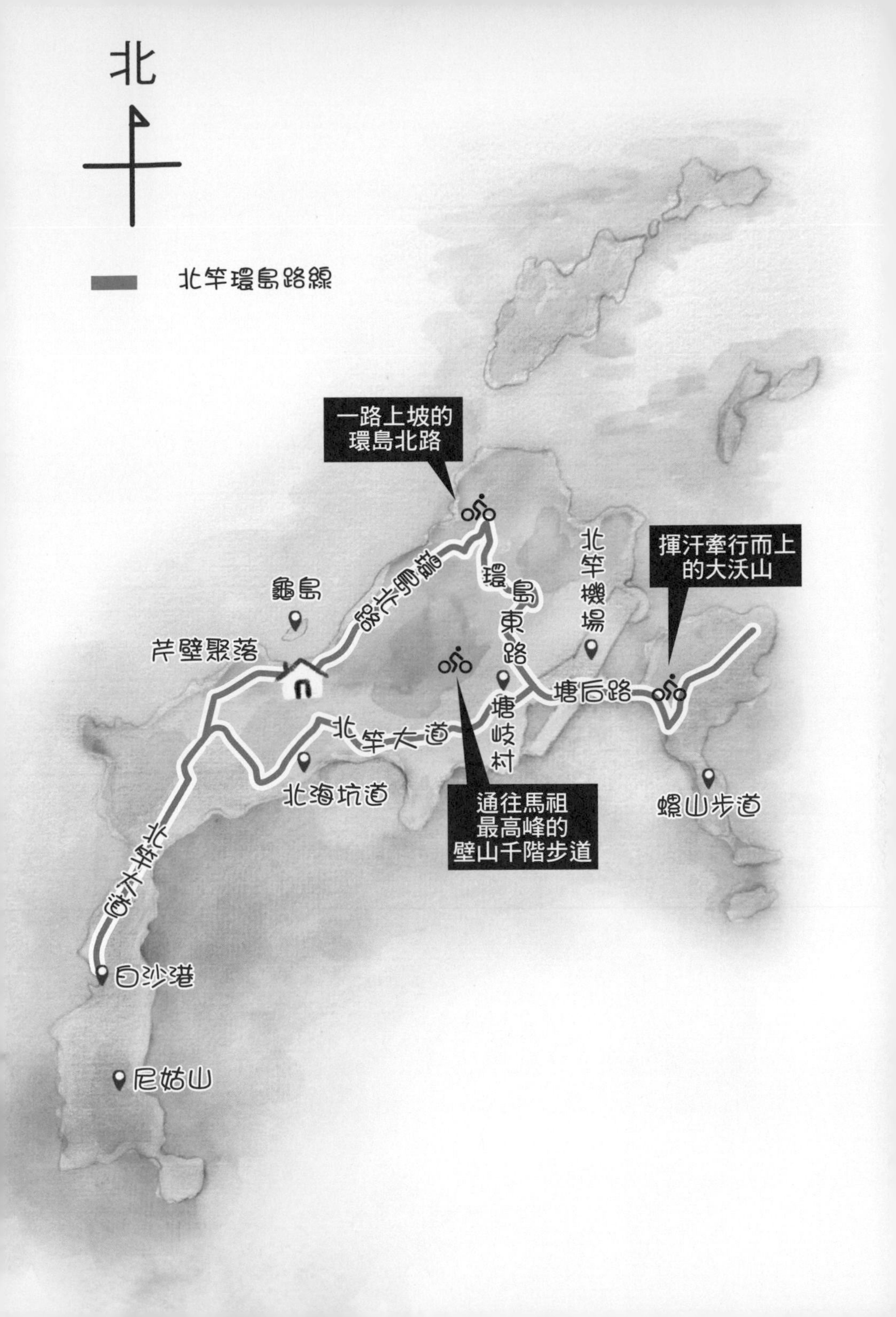
北
北竿環島路線
一路上坡的
環島北路
揮汗牽行而上
的大沃山
龜島
芹壁聚落
環島北路
環島東路
北竿機場
塘后路
北竿大道
塘岐村
北海坑道
通往馬祖
最高峰的
壁山千階步道
螺山步道
北竿大道
白沙港
尼姑山

交通建議

如果想省去將單車拆解裝袋的麻煩，搭乘輪船前往馬祖是個很好的選擇。臺馬輪固定於基隆、南竿、東引之間航行，依單雙日有「先馬後東」與「先東後馬」的分別。單數日「先馬後東」先從基隆開往南竿，再駛向東引，接著繼續開回基隆；雙數日「先東後馬」則相反。

臺馬輪大約在晚間九點五十分由基隆啟航，跨夜航行至馬祖（前往南竿約十小時，前往東引約八小時），乘客憑船票可以找到屬於自己的那間狹小臥鋪，裡頭冷氣強得很，可能是整趟旅程中

唯一用得上厚外套的時刻，如果願意多付一些錢，還能買到四個人一間或兩個人一間的頭等艙房。

單數日啓程的「先馬後東」船班，會在雙數日早上八點左右抵達南竿福澳港，並且在八點半開往東引（航程兩小時），接著返回基隆；雙數日啓程的船班則是在單數日早上約六點抵達東引，並在六點半左右從東引開向南竿。這個看似複雜的臺馬輪航班系統是南竿與東引之間唯一的交通工具，除非你願意花三千元搭直升機，而且還不一定搭得到。

如果東引是你馬祖行的第一站，而且隔天就想前往南竿，那麼就應該在單數日晚上搭乘「先馬後東」的臺馬輪，先經過南竿再抵東引，隔天早上便能搭乘「先東後馬」的船班前往南竿。但是這樣一來，你踏上東引的時候已經將近十點半了，只剩一個下午可以環島。因此建議要在東引單車旅行的話，還是在雙數日搭著「先東後馬」的船班，抵達東引之後可以走得從容一點，因爲下一趟前往南竿的臺馬輪要等後天才會再次靠岸。

臺馬輪夠大了，在裡頭不太容易暈船，但若是堅持想坐飛機，立榮航空每天有

・八八坑道

七次往返臺北─南竿、三次往返臺北─北竿、一次往返臺中─南竿的航班。但這還是得想辦法解決前往東引的問題，從南竿到東引的船班同樣只有單數日從基隆啓航、雙數日抵達馬祖的臺馬輪，如果隔天不馬上返回南竿，就要在東引多待兩天了！

前往東、西莒的交通船也只會從南竿啓程，每日有早上七點、十一點和下午兩點半三趟航班，依單雙月有「先東後西」或「先西後東」的分別。如果不打算在東、西莒過夜，就要搭上最早班的交通船，南竿往返東、西莒約四十五分鐘，東、西莒之間則只要十五分鐘左右的航程。東莒有更多的景點和值得品嘗的美食，可以分配長一點的時間。

除了南竿開出的交通船，東、西莒每天也有四班小白船往來於青帆港和猛澳港之間。

南竿的福澳港每天都有固定開往北竿的客船，從早上七點開始至下午五點，每整點開航；北竿至南竿的船班則是從早上七點半到下午五點半，也是每小時一班船。航程只要二十分鐘，可能比你從民宿騎車到港口還要快上許多。

除了每天固定自南竿發出的交通船，也有從臺北起飛的立榮航空，每天有三個往返北竿的班次，但飛機時常受到天候影響而停飛。聽說飛往南竿的班機迫降北竿，或是北竿的飛機改停南竿，都已經是當地

	單數日出發	雙數日出發
基隆啓航	21：50	21：50
抵達第一座島	雙數日 08：00（抵達南竿）	單數日 06：00（抵達東引）
離開第一座島	雙數日 08：30（離開南竿）	單數日 06：30（離開東引）
抵達第二座島	雙數日 10：30（抵達東引）	單數日 08：30（抵達南竿）
返回基隆	雙數日 11：00（離開東引）	單數日 09：00（離開南竿）
抵達基隆	雙數日 17：30	單數日 17：30

南竿→東莒／西莒	7：00	11：00	14：30
東莒→西莒（單數月） 西莒→東莒（雙數月）	7：50	11：50	15：20
西莒／東莒→南竿	8：10	12：10	15：40
抵達南竿	8：55	12：55	16：25

西莒→東莒	7：30	10：00	14：00	17：10
東莒→西莒	7：50	10：20	14：20	17：30

人屢見不鮮的事了。

返回基隆的臺馬輪時間也是固定的。單數日早上六點半離開東引、九點離開南竿；雙數日早上八點半離開南竿，十一點駛離東引，回到基隆的時間都是下午五點半左右。

記得要在半小時前買到船票登船，臺馬輪的船票在一個星期前就可以預訂了，它是很難客滿沒錯，但是提早預訂總是比較令人放心。

要注意的是，臺馬輪固定於星期一停留在基隆例行維修，因此星期二也不會有從馬祖回臺的船班。詳細的船班航線和停開資訊，請上臺馬輪官網再次確認。

達人引路

東引、西引——

東引鄉其實包括了東引島與西引島兩部分，中間由中柱堤相連接。東引面積大、路線長，也有比較多景點，西引島則可以遠眺臺灣國界最北端的「國之北疆」。利用大白天先去造訪東引的坑道與燈塔是很不錯的選擇，但下午再前往西引則會遇上耀眼的大逆光。不論先去哪裡，兩座島嶼都陡峭到讓人疲累不堪。

東引沒有明顯的環島公路，沿著最寬闊的馬路可以通往大多數主要的景點，包括最遠端的東引燈塔。抵達燈塔時你應該已經汗流浹背了，但別忘了繼續走上白色階梯，從上頭往下俯瞰，才能看見燈塔最美的樣貌。西引島的終點則是三山據點，有阿兵哥會爲你進行導覽工作，經過西引北端時別忘了仔細觀察地標，通往「國之北疆」的小徑並沒有你想像的那麼顯眼。

南竿——

南竿有一條沿著海岸線修築的環島公路，它們大多比較平坦，而且也可以通往主要的景點。福澳港

的西南方有一條馬祖唯一的「福清單車步道」，可以省去一小段翻山越嶺的路程。

如果行程控制得宜的話，可以安排在中午用餐時間抵達馬祖村，那裡的老酒麵線可是遠近馳名的，晚餐就到牛角村去瞧瞧吧！很容易就可以找到充滿馬祖風味的精緻套餐。

如果時間允許，建議在南竿多待一天，上午出海賞個燕鷗，下午造訪島嶼中央的馬祖民俗博物館，再爬上南竿最高的雲台山頂，一旁有個小小的軍事情報館，開放持有中華民國身分證的遊客前往參觀。

東莒、西莒——

東、西莒這兩座島嶼面積比較小，坡度起伏也比較沒那麼劇烈，基本上，花一、兩個小時來環島是很充裕的，就看你被那些景點吸引的程度有多深了。

島上的景點時常隱藏在小路或草堆之後，例如東莒的神祕小海灣、西莒的菜埔澳與十四哨步道，反正時間是夠的，稍微多走個幾步，你一定會找到你想要的。

不管是「先東後西」還是「先西後東」，切記要在午餐時間前往東莒島中央的大坪村，那裡有許多令人百吃不厭的美食。有人說，「東莒三寶」指的是花蛤、豆腐和西瓜，我倒認爲臭豆腐、蔥油餅和仙草奶凍，才是絕對不能錯過的。

當然，如果時間允許的話，在兩座小島上過夜也會是個特別的體驗。

北竿——

住在島嶼北側的芹壁村幾乎是每位前往馬祖遊客的首選了。在一天的行程開始與結束前後，能在古老而質樸的傳統花崗石聚落中閒晃，並在每一個巷道屋舍向北的空隙中，望見棲息於海上的龜島，是很令人享受的一件事。

島嶼東南端的大沃山，雖然陡峭的程度讓人難以置信，但那裡可以看見馬祖唯一的紅綠燈號誌，山頂的戰爭和平紀念公園也十分有可看性。天氣允許的話，別忘了從文物展示館後方穿過廢棄的營區，螺山自然步道或許是馬祖列嶼中最令人著迷的小徑。

島嶼中央的壁山雖然不在環島公路的路線中，但畢竟也是馬祖列嶼的最高峰，山頂的觀景平臺可以俯瞰整個塘岐和后澳的美景。抽空走個千階步道，或是——乾脆騎上去吧！

七天六夜行程建議（雙數日出發）

第一天－交通日：

晚上提早抵達基隆港，在九點以前拿到船票，搭上「先東後馬」的臺馬輪，單車可以停在最底層的貨艙（記得上鎖），偌大的臺馬輪可以讓你逛上好一段時間。

第二天－西引島：

「先東後馬」的船班在凌晨六點左右就會抵達東引了，你可以先到民宿去洗個澡、補個眠。午餐後，往南邊找到東引遊客中心，接著回到港口，轉向中柱堤前往西引島。西引只有一條主要道路，要找到東澳、后澳這些景點，可能得將眼睛放亮一點，因爲就算是當地人也可能不知道這些地方。路過國之北疆之後，可以準備在島嶼的西側欣賞落日，但千萬別因爲快抵達三山據點了就開始全力衝刺，因爲回程的路況依然高高低低，落差大到會讓人想哭的！

第三天－東引島：

離開民宿之後，沿著南方的主要道路繞島，會經過東引幾個最重要的景點，然後沿著燈塔路直達東引燈塔。如果還有餘力的話，可以找機會挑戰一下東引北方的恩愛山，這座海拔一百七十四公尺的小丘可是整座島嶼上的第一高峰。回程可以從北邊繞過主要聚落，從寬廣的大斜坡一路下滑，爲東引的旅程作個完美的收尾……只不過還是得想辦法爬坡回到民宿就是了。

第四天－南竿島：

趕在五點半左右前往港口，可以看到臺馬輪在晨霧中入港的大景。抵達南竿之後，如果你的民宿選在最熱鬧的介壽村，那麼這幾天最嚇人的路程就是前往民宿這一段路了。參觀完著名的八八坑道，沿著中央大道轉往南方，會依序造訪梅石、仁愛、津沙等村落，接著往北前往馬祖村、珠螺村，最後返抵港口。

南竿的景點很多，北海坑道、大漢據點、鐵堡、津沙西邊山，還有鐵板及馬祖兩地的天后宮，都値得佇足甚久。如果港口北端的復興路已經開通了，就可以直接通往古色古香的牛角聚落、接著返回介壽，要是道路還在整修的話，就只好重新爬一次福澳陡坡了。

第五天－東西莒：

單數月可以搭乘早上七點的船班前往東莒，先吃過午餐後，十一點五十分前往西莒，並搭乘下午三點四十分的交通船返回南竿。雙數月則是早上七點前往西莒，十點搭乘小白船前往東莒，下午三點四十分返回南竿。

在西莒，你可以順著建國路↓中央路↓環島路的路線環島，別忘了造訪青帆村老街、十四哨步道、菜埔澳等從主要道路岔出去的景點。聽說潮水退去之後，可以步行走上島嶼西側的蛇山島，但建議要有當地嚮導帶領。

在東莒，從港口右轉自強路繞一圈，再右轉大埔路後，接續中興路抵達東莒燈塔。回程再右轉復興路，可以算是完整的環島路線。大埔石刻、大埔聚落與神祕小海灣都是一定要走一趟的景點，辛苦爬上燈塔之後，記得要從園區後方的小路繞下來，可以走進過去熱鬧一時、如今卻泰半廢棄的福正聚落。

回到南竿之後，還來得及搭乘最晚下午五點的船班前往北竿（行李可以先寄放在福澳港的售票處），記得請北竿的民宿主人來載你，因爲不管是芹壁或是塘岐，都距離港口有一段高高低低的長路。

第六天－北竿島：

從芹壁向東出發，環島東路是一段令人想哭的長上坡，繞過高處之後，前往壁山的步道會在下坡路的右手邊，爬上爬下一趟，就可以準備到塘岐村去享用午餐了。下午穿過機場底下的通道前往后澳山頭繞一圈，別忘了尋找標示不明的螺山步道。回程直接沿著北竿大道前進，如果時間許可，穿過港口可以抵達島嶼西南端的尼姑山，記得趕在黃昏前返回芹壁，夕陽餘暉映著古老聚落的畫面是不能錯過的。

第七天－交通日：

早上搭最早班七點半的小白船返回南竿，「先馬後東」的臺馬輪會在八點半開船，你會在海上解決這天的午餐，並在肚子再度感到飢餓之前回到臺灣。

小叮嚀

不管是東引、南竿、北竿，都有人稱做是「馬祖最陡的島嶼」，事實上它們也的確不分軒輊，所以在前往馬祖之前，要嘛先進行體能與肌力訓練，否則就做好牽車的心理準備吧！在馬祖，「留得青山在」這句話特別重要，請記得後頭還有好幾座同樣崎嶇的島嶼，別在第一座島就把力氣給耗光了。

如果民宿或飯店有安排港口接送，請先答應再說吧！因爲各島港口與主要民宿區之間，不是路途十分漫長，就是陡得有點誇張，自行騎車過去不會只是熱身而已，還要小心抽筋的可能。

不論是在馬祖的哪一座島嶼，漆上迷彩塗裝的兵營和碉堡都會無預警地出現在海崖或道路旁，甚至阻斷了地圖上看似可以通行的小路。因此，沿著大條的主要道路前進還是比較保險。附帶一提，這些兵營或碉堡不只無法通行（東引的一線天例外，這是唯一可以闖進軍營的景點），也都是禁止攝影的。

兇猛的狗兒在這裡似乎比陡斜的上坡還要可怕，不管是不是從軍營裡跑出來的軍犬，牠們都可能瞬間終結你在馬祖的旅行。手上拿個鎖頭或木條可能會讓人安心一點，但應該還是打不贏牠們的……

如果你習慣仰賴智慧型手機上的 Google 地圖尋找方位，在馬祖可是會嚴重迷路的！Google 地圖上沒有各島的詳細街道，只有解析度普通的衛星影像圖。想找份好地圖的話，馬祖國家風景區提供的卡蹓地圖清楚又詳盡，而且隨處可得。

七、八月是馬祖賞燕鷗的絕佳旺季，如果你在這個時候到來，記得打電話到馬祖國家風景區管理處詢問相關活動。空出一個上午、停好你的單車，乘船出海尋找神話之鳥吧！

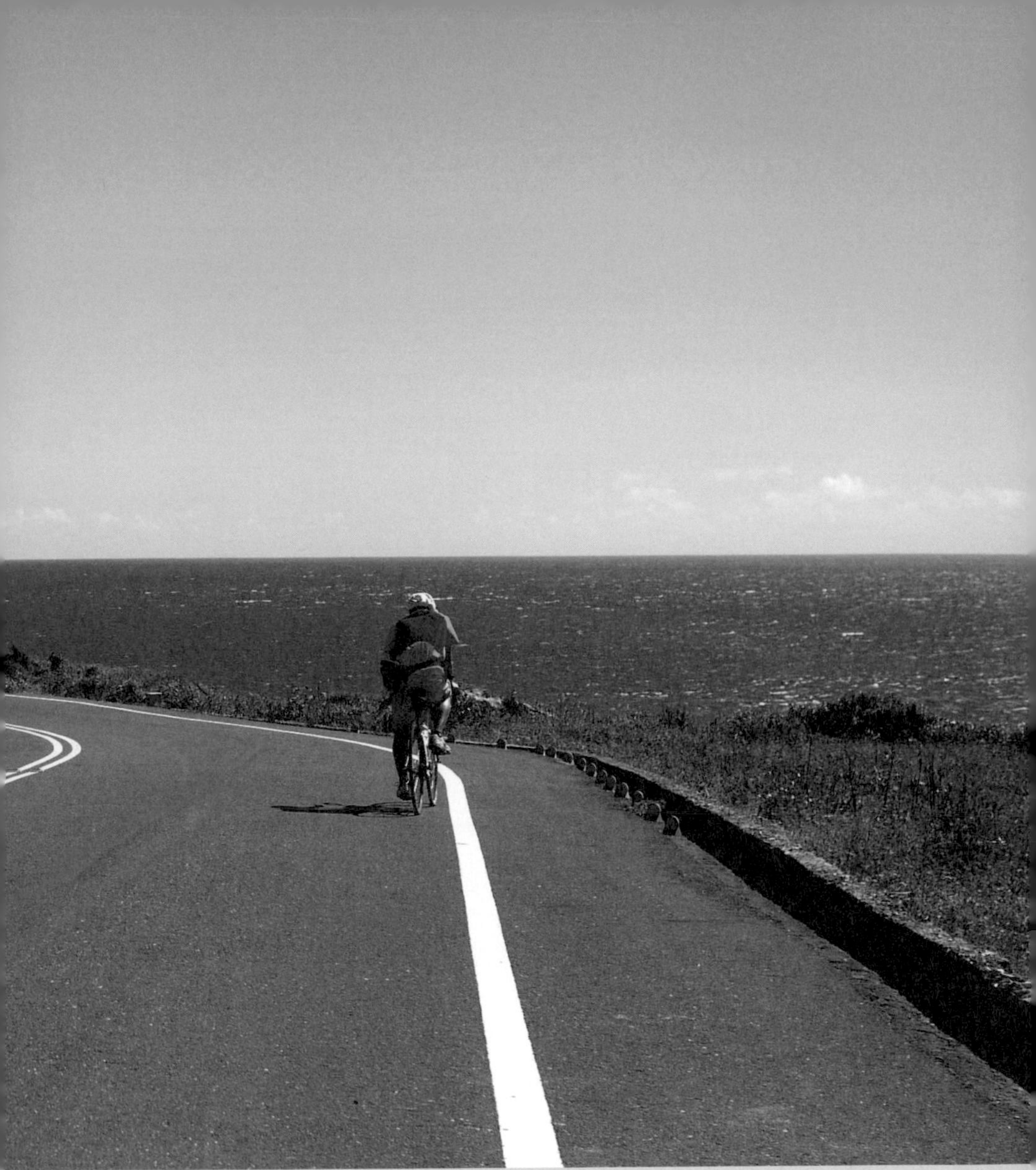

今天的海水如此湛藍，海風如此和緩，我寧願相信，這真的是一條通向大海的道路，是美好的風景和浪漫的心靈一起建築而成的藍色公路。

CHAPTER 6

小琉球

／通向大海的藍色公路

其實根本不應該把小琉球安排在最後一個島的。

打從我們滑下芹壁村前那段斜坡，完成北竿環島的旅程開始，我就一直有種「單車離島」計畫已經告一段落的錯覺。畢竟，最大的陡坡和最高的山頭都已經走過了，想到小琉球是整個計畫中距離最近、面積最小、地勢也最平坦的一座小島，當然怎麼都提不起勁來。

直到八月中旬，從馬祖回到臺灣的十多天後，我才正式啓程前往屏東。在東港開向小琉球的船上，我快速回想了這趟離島旅行的歷程，從兩年前的發想，一年前的金門，到一個月前開啓的澎湖、蘭嶼、綠島、馬祖……那群涼亭巧遇的山羊、那座盤踞蘭嶼的高山、那隻狂吠猛追的軍犬，和那些連綿不斷的陡坡，都一幕幕閃映在我眼前，它們的確是才剛剛發生過的沒錯吧？怎麼感覺是年輕好幾歲的我才有力氣去面對和挑戰的呢？

「真的就要結束了啊！」交通船還沒靠岸，我卻已經在腦中做出這樣的結論。

屏二〇二號公路環繞小琉球全島，交會點就在港口與主要聚落之間的路口。站在那裡，可以看到路口兩側的路牌標識，一邊寫著「屏二〇二：〇公里，道路起點」，另一邊則是「屏二〇二：一一．八八七公里，道路終點」。

還沒開始，就能看見結束的樣子。我想起二〇〇七年的那個夏天，碧山綠海的蘭嶼，一個生平第一次騎單車旅行的大學畢業生，隨口許了一個環繞離島的夢。

在那個晴朗無雲的夏日，我是否也預見了今天這個畫面呢？

為了能夠貼著海岸騎行，我選擇了逆時鐘的方向繞島，也就是從一一・八八七公里的路牌開始，十……九……八……七……這樣子倒數。雖然心裡滿是焦慮，知道今天的路線將會短暫而平坦地代表著一趟重要旅程的結束，但是「單車離島」的計畫的確已經進入尾聲了啊！為了讓這場最終回合不至於太過平凡，我把踩著踏板的腳步放到最慢、最慢，就只差沒有下車用牽的了。

「真的要結束了……」這句話重複在我腦海中徘徊。

S陪著我一同前來，有始有終的。但這次她租了輛摩托車，緩慢地在我身後跟隨。我們的計畫是等單車環島結束，再一起騎著摩托車到主要的景點玩耍。

「而且我也可以多幫你拍幾張照。」S笑著說，其實那天是她的生日，但是我卻忘了。我只記得那天的大海好藍、好藍，藍得好像是用顏料塗上去的一樣。

小琉球是臺灣近海唯一的珊瑚礁島，距今二十萬年前就已經露出海面，但島上的高地也只有東側的琉球山，又稱爲「八七高地」——顧名思義，就僅有海拔八十七公尺高。而沿海建造的環島公路更是再平坦不過了，我幾乎要忘記原來臺灣的離島也有這麼平緩的道路，尤其是在騎完馬祖列嶼之後。

S沒有去過馬祖，我試圖向她解釋，像現在這樣的坡度，再乘上個幾十倍，無限拉高、拉長之後，大概就是西引最後一段通往三山據點的路況了吧！

「……」

我忽然想不起來自己是怎麼熬過馬祖那幾道陡坡的。現在回想起來，當初應該會有的無力與挫折，在那時盡是滿滿的堅定和勇敢，好像越是不可能爬上的高峰，越能激發我們翻越的動力。而現在面對輕鬆寫意的道路，反而顯得有些意興闌珊。

我想我應該不是被馬祖改造成一個被虐狂了吧！只是嚮往更多的挑戰、更大的冒險，和更多騎也騎不完的旅程。

柏油道路平緩地鋪向前方，我們很快就來到島嶼西南側的盡頭，環島公路在這裡有一個大角度的轉彎。我在腦海中檢索小琉球的樣貌，知道此地已經是島嶼最西端，繞過這裡，環島路線就只剩下不到一半了。

連接轉彎口的是一條筆直的長路，因爲路面平坦，加上樹叢遮蔽，一開始還看不太到左轉之後的路段。從遠處望去，這條路好像會直直地通向大海，往前便是斷崖，便是峭壁，便會讓人墜入一望無際的臺灣海峽。

雖然我清楚地知道接下來的路線，但今天的海水是如此的湛藍，海風是如此的和緩，我寧願相信這真的是一條通向大海的道路，是美好的風景和浪漫的心靈一起建築而成的藍色公路。

我放鬆身子，把本來已經很慢的踩踏頻率更加減緩，放任自己整個身體投入這條小琉球的環島公路中。

「呼……呼……」微風，輕輕吹撫在我的臉頰和手臂上。

「沙……沙……」海浪，引誘著岸上旅人更多的嚮往。

短短幾分鐘的時間，好像經歷了數個小時之久。彎道的路口慢慢從路樹的遮掩中顯露出來，我沒多做什麼停留，只是默默地將眼前這幅風景好好收藏起來。

也許只有在這一刻，我衷心希望這段環島的路程可以無限延伸下去。

旅程的後半段，我們遇上了一位來自日本的女生，獨自來到小琉球旅行。S會說一些日文，於是上前跟她閒聊了一會兒。她告訴我們，其實她是來臺灣找朋友的，前兩個禮拜都待在臺北，這兩天專程南下，在小琉球待了一晚，明天就要啓程回日本了。

「我叫『五十嵐』。」她告訴我們。

「五十嵐？」我們問：「賣飲料的那個五十嵐？」

「對啊！」她笑著回答，一副早就知道我們會這麼問的樣子。

原來，上一次到臺灣來的時候，她就發現這裡有一間跟自己相同姓氏的連鎖飲料店，而且規模還不小呢！這次她再度來到臺灣，其實某方面來說，她也給自己一個小小的任務——找出這間飲料店跟她家族之間到底有何淵源？

「結果呢？」我們迫不及待地想知道答案。

「結果……嗯，好像只是老闆覺得這個姓氏很好記而已。」

「啊……」

瞬間，我腦海中一閃而過的那種浪漫愛情，或是溫馨感人的故事全都化爲烏有。

「哈哈哈……」我們乾笑了幾聲，但是我馬上想到，在這個答案揭曉之前，或許這位「五十嵐女孩」可是對臺灣——這個街道上四處掛著自己名字的地方——有著許多猜臆和豐富的想像，當她最終發現，這一切竟然只是爲了「很好記」這個簡單的理由，不知道會做何感想？會有一點點失望吧？我猜。只不過，這也是一種緣分啊！遙遠的土地和異鄉的人們，能夠在某個時空交會在一起的緣分。

爲了化解尷尬，我趕緊換個新話題，問她對小琉球的印象如何？跟高緯度的日本比起來，這座熱帶島嶼是否熱得嚇人？有沒有參加潮間帶的生態導覽，或是發現綠蠵龜的蹤影？

五十嵐女孩告訴我們，今天下午她就要回臺

北去了，這趟小琉球之旅，就是她在南臺灣唯一的行程。

「爲什麼會專程跑到小琉球來呢？」我問她。

「一方面想坐坐臺灣的高鐵，一方面也是因爲朋友大力推薦。」S努力的翻譯。

「原來如此。」

「朋友說小琉球有臺灣最美的海岸。」

「喔？」我想起蘭嶼的東清海岸，還有東莒的神祕小海灣。

「那妳覺得小琉球怎麼樣？」

「很喜歡啊！」她說：「天空很藍，海也很漂亮。」

我點點頭，腦中又浮現了綠島東岸的海參坪，和望安西北方的西洞尾。

「下次再來臺灣，可以繞到東部去，順便去蘭嶼或綠島看看！」

「好啊！」

「帶一臺腳踏車去那邊騎吧！」我開玩笑地說，S並沒有把這句話翻譯給她聽。

「馬祖也可以去騎一下。」我繼續說。

「乾脆騎腳踏車環島好了！」

和五十嵐女孩道別之後，我們把騎車的速度減得更慢了，也許是因爲午後的微風開始變得涼爽而舒適，也許是因爲終點將至，而我卻不想那麼早就走到盡頭。

「朋友說小琉球有臺灣最美的海岸。」我想起五十嵐女孩說的話。那麼兩個月下來，走過大小離島的我，又會怎麼說呢？

「每一個離島你都去過了，那你覺得哪一座最漂亮啊？」這是我在旅途中最害怕聽到的一句話。

偏偏這好像也是我最常聽到的一句。

澎湖有壯麗的玄武岩，小琉球有湛藍色的天空；蘭嶼有溫馨的部落，綠島有迷人的海洋；馬祖有難忘的海岸，金門有傳統的風情……最重要的是，每一座島嶼都有我在上頭踏行過的足跡、滴流下的汗水，以及值得不斷回憶、不斷炫耀的故事。

雖然知道這是一個沒有標準答案的問題，但是，經歷過這一趟特別的旅程之後，我還是想要找到一個讓自己滿意的回答，至少，做爲一個小小的總結吧！

記得在望安環島的那個夜晚，來自各地的人們聚在同一片星空下閒聊，訴說來到島嶼的原因和各自的經歷。那時，讓我充滿感動的原因不是望安美麗的風景，也不是古色古香的聚落，而是眼前每一個人，都帶著他們的故事來到這片土地，有著不同的期待和想像，也有著各自的過去與未來。我想在他們心目中，人生

的故事與島上的風光被書寫在一起，眼前的島嶼一定很美、很美的。

所以，我應該會這樣回答吧：「每一座島嶼，都有人覺得它最美。」

越接近終點，腦海中就浮現越多旅程中的畫面，那些與島嶼一同經歷的冒險，那些和人們巧遇之後的談話，有很多是沒有被我寫在書裡，卻真實發生、也難以忘懷的。

在澎湖，好心的阿伯蹺班幫我把爆胎的車子送去修理；在北竿，誤闖傳說中十八層地獄的入口。在蘭嶼，一對新婚夫妻帶著心愛的小狗來度蜜月；在南竿，回程的臺馬輪臨時停開，我們差點決定用垃圾袋把單車包一包，當做托運行李丟上飛機……

還來不及全部回顧，環島的旅程已經走到尾聲了。「屏二〇二：〇公里，道路起點」的路牌直立在前方，待我抬頭看見它的時候，人已經身在路口前幾公尺了。

「就要結束了。」這句話又再次地響起。

千百年來的珊瑚礁美景

小琉球　地理補給站

國中地理課有教過：小琉球是臺灣近海唯一的珊瑚礁島。但其實它並不是整座島都是珊瑚礁，底下的基磐是由海中沉積的泥岩所組成的，在小琉球還沒露出海面之前，珊瑚便開始附生在泥岩上，最後逐漸覆蓋了整個島嶼。

珊瑚生長的速度很慢，每年大約只會增長 1 公分左右，而鋪蓋在小琉球島上的珊瑚礁岩大約有 4 至 10 公尺厚，也就是說，扣除被風化、侵蝕的部分不算，這裡的珊瑚是經歷千百年的發育生長，才能有今日的美麗景觀。想到這裡，是不是該對這座島嶼投入更多的關心和愛護啊！

北
小琉球環島路線
起點和終點交會的十字路口
美人洞
白沙尾港
美人路
龍蝦洞
多仔坪潮間帶
八七高地
肚仔坪路
三民路
山豬溝
蛤板灣
仁愛路
烏鬼洞
看似通往海洋的大轉彎口
和平路
白燈塔
忠孝路

交通建議

前往小琉球的民營交通船會在東港開出（來回票四百一十元，單程約三十分鐘），班次還算多，只是要先決定好前往東港的方式。從高雄車站會有許多前往東港的客運或計程車，但如果想省下這筆交通費，或是不願意把腳踏車拆解再組裝的話，也可以採用最直接的方式——騎過去。從小港捷運站到東港只有大約二十公里，馬路是很寬敞沒錯，但車流量也是大到嚇人。

如果想在小琉球待長一點的時間，早上七點就有船班準備開船了，記得最晚要在下午五點半返回港口，那是當天最後一班返回臺灣的航班。

達人引路

北端的環島公路是小琉球眾多主要景點的聚集處，事實上，想進入那段環島公路，就非得買張風景區的入場券不可（全票一百二十元）。除了幾個較知名的景點，別忘了沿著珊瑚礁階梯向海邊走去，找到一個沒有外人叨擾的地方，看看小琉球沿岸的蔚藍大海，可以讓你消磨一整個早上。

如果願意在島上待一晚，可以向民宿業者預約潮間帶探索（時間依潮汐狀況而定）、近海浮潛等生態體驗活動，豐富的生態資源才是小琉球最珍貴的寶藏。

兩天一夜行程建議

第一天：搭乘早班的交通船前往小琉球，或許可以在中午艷陽高照之前，環繞島嶼一圈。午餐過後，前往山豬溝探險，並在主要風景區的深處找個可以久坐看海的地方。

第二天：配合潮汐的時間前往潮間帶觀察生態（可能會在第一天下午或傍晚），或是參加浮潛行程。如果不喜歡接近海洋，也可以來一趟小琉球廟宇之旅。這座小小的島嶼上竟有高達七十幾座寺廟，是臺灣廟宇密度最高的地區之一。

小叮嚀

因為小琉球實在是又小又平坦，只顧著騎車的話，行程一下子就結束了。不管是在島上的哪個角落，偶爾拐進幾個不知名的彎道，雖然不一定會有什麼意外發現，但也不太可能會在這裡迷路的。

別小看這座迷你的島，夏天的豔陽可是要人命的。出發前請做好萬全的防晒工作，也記得隨時補充流失的水分。

潮間帶探索是近年來小琉球最蔚為風行的生態導覽活動，在體驗被海膽和海星包圍滋味的同時，別忘了繼續做一個善待島嶼的旅人，不傷害生物、不丟棄垃圾，也別帶走任何屬於這裡的事物。

後記

有故事的人

從馬祖回到臺灣之後，才休息不到幾週，老哥又跳上單車出門去了。這一次，他要繞行臺灣一圈。

他說：「有些事現在不做，就一輩子都不會做了。」

我懷疑他真正想說的是：「連馬祖都騎過了，應該沒有什麼好怕了吧！」

而結束琉球旅程的我，花了大半個月在整理裝備和照片，並且發佈了一篇篇環行離島的遊記。幾個月後，得知這趟「單車離島」的計畫獲得青輔會「青年壯遊臺灣」個人組第二名，我從評審手中領了獎金、也登上幾篇報紙的副刊，但其實沒有想像中那麼欣喜若狂，只是靜靜地看著這一切發生，然後過去。

當然，我還是很高興這趟旅程能夠獲得肯定，也有一個比較正式的結局，可以讓更多人知道這種旅行的方式，甚至真的吸引一些人去騎車造訪離島。只是，這個結局好像少了那種實現長久夢想、完成人生里程的振奮和激動，或至少一聲長長的嘶吼（像走完千階步道或爬上東引燈塔那樣）。

我想，或許是在一座又一座的高山磨練、一次又一次的陡坡翻越之後，我已經學會了——沒有哪一趟旅程會無法走到終點，也沒有哪一場冒險是以「完成」當作目標的，就像小琉球那個交叉路口一樣，還沒開始，就能看見終點的樣子。

我唯一能夠倚賴的，是過程。

在七美邂逅成群的山羊、在西莒躲避兇惡的瘋狗；在蘭嶼找到會修單車的男人、在北竿遇見徒步環島的女孩。我發現，重要的不是在旅程中挑戰些什麼，也不是締造哪些紀錄，而是親身走過那塊土地，感受它的天氣、體驗它的地形；發掘羊腸小徑、品嘗人情溫暖，然後再內化一次又一次的覺悟，分享一則又一則的經歷。

我愈來愈相信，當你認真投入一趟旅行，整個世界都會幫你一起編織出美好的故事，而我真心地享受著與島嶼發生互動，與人們分享故事的那些片刻。因為，裡頭充滿了與土地緊密貼近的關係，也透露著我們熱愛這座島嶼的方式。

在旅行中的某一個當下，我無意間唱起了周華健的一首老歌：

天地遼闊，相遇多難得，都是有故事的人才聽懂心裡的歌。

每次想到自己也是一個有故事的人，總會讓我在心底感到莫名的驕傲。

我沒忘記我的初衷——要感染更多友善對待島嶼的遊客，要吸引更多深刻體驗島嶼的旅人。但是，既然已經結束了一趟旅程，當然就要準備開啓另一場冒險。而人生就是從一段又一段的開始開始，直到完全結束的時候結束。

ACROSS 010

單車離島／漫行 15 座島嶼，用最美的速度

文字攝影—張建維
主　　編—陳信宏
責任編輯—葉靜倫
責任企畫—曾睦涵
美術設計—我我設計工作室 wowo.design@gmail.com
校　　對—張建維、謝惠鈴、葉靜倫
發 行 人
董 事 長—孫思照
總 經 理—趙政岷
總 編 輯—李采洪
出 版 者—時報文化出版企業股份有限公司
一〇八〇三　臺北市和平西路三段二四〇號三樓
發行專線：（〇二）二三〇六—六八四二
讀者服務專線：〇八〇〇二三一七〇五・（〇二）二三〇四—七一〇三
讀者服務傳真：（〇二）二三〇四—六八五八
郵撥：一九三四四七二四　時報文化出版公司
信箱：臺北郵政七九至九九信箱
時報悅讀網—http://www.readingtimes.com.tw
電子郵件信箱—newlife@readingtimes.com.tw
第二編輯部臉書　時報㊣之二—http://www.facebook.com/readingtimes.2
法律顧問—理律法律事務所陳長文律師、李念祖律師
印　　刷—鴻嘉印刷有限公司
初版一刷—二〇一三年六月二十一日
定　　價—新臺三三〇元
⊙行政院新聞局局版北市業字第八〇號

國家圖書館出版品預行編目(CIP)資料

單車離島／漫行 15 座島嶼，用最美的速度／張建維　著
初版. -- 臺北市：時報文化, 2013.6
面；　公分. -- (ACROSS，10)
ISBN (平裝) 978-957-13-5777-5
1.臺灣遊記　2.腳踏車旅行

733.6　　102010094

ISBN：978-957-13-5777-5

Printed in Taiwan